有爱无碍

无障碍环境建设实用手册

PRACTICAL HANDBOOK FOR
ACCESSIBLE ENVIRONMENT CONSTRUCTION

刘伟毅　编著

严胜学　审定

田红行　杨锦涛　徐　颖　张　会　参编
王雪琪　赵士添　赵秋颖

内容简介

本书旨在以“图、文、表、照”相结合的形式，直观地将《中华人民共和国无障碍环境建设法》中涉及无障碍环境建设的重点区域及重点内容表现出来，以提高公众对无障碍环境的关注和认识。

图书在版编目(CIP)数据

有爱无碍：无障碍环境建设实用手册 / 刘伟毅编著. -- 武汉：华中科技大学出版社, 2024. 8. -- ISBN 978-7-5772-1238-8

Ⅰ. U412.37-62

中国国家版本馆CIP数据核字第2024XH0718号

有爱无碍：无障碍环境建设实用手册 **刘伟毅 编著**

YOU'AI WU'AI:WUZHANG'AI HUANJING JIANSHE SHIYONG SHOUCE

出版发行：华中科技大学出版社（中国·武汉） 电话：（027）81321913

地　　址：武汉市东湖新技术开发区华工科技园 邮编：430223

策划编辑：易彩萍 责任监印：朱　玢

责任编辑：简晓思 封面设计：田红行 王 娜

印　　刷：湖北金港彩印有限公司

开　　本：880 mm×1230 mm　1/32

印　　张：5.5

字　　数：200千字

版　　次：2024年8月第1版第1次印刷

定　　价：48.00元

作者简介

刘伟毅，武汉科技大学城乡规划系主任，副教授，硕士生导师；华中科技大学建筑与城市规划学院城市规划与设计专业博士；首届湖北省土木建筑学会优秀青年建筑师优胜奖获得者。

主要研究领域：中小型公共建筑设计、文化遗产空间保护利用、人文城市设计与空间规划治理等。先后参与或主持国家级课题 2 项、省部级课题 3 项、厅局级课题 6 项。已发表学术论文 20 余篇，出版学术专著 3 部，拥有多项软件著作权。

主持完成各类中小型公共建筑（学校、博物馆、纪念馆、文化艺术中心、社区文化活动中心、游客接待中心等）、城市更新、文化遗产保护利用、中小城市规划及实施评估、乡村规划及建设评价、乡村建设公益性设计、科创园区、研学营地及景观工程设计实践项目 100 余项。

前言

2023年6月28日，第十四届全国人民代表大会常务委员会第三次会议通过了《中华人民共和国无障碍环境建设法》，自2023年9月1日起施行。这是我国首次就无障碍环境建设制定专门性法律。

为传播无障碍理念，普及无障碍知识，提升全社会的无障碍意识，推动全社会共建、共治、共享无障碍环境，方便广大残疾人工作者、场地管理者特别是一线工作者更好地理解与贯彻《中华人民共和国无障碍环境建设法》，服务于全国无障碍建设示范城市（县）创建活动，在湖北省残疾人联合会的指导下，武汉科技大学刘伟毅教授团队编制了这本《有爱无碍：无障碍环境建设实用手册》。本书旨在以“图、文、表、照”相结合的形式，直观地将《中华人民共和国无障碍环境建设法》中涉及无障碍环境建设的重点区域及重点内容表现出来，以提高公众对无障碍环境的关注和认识。本书分为居住建筑、居住区、公共建筑、公共场所、交通运输设施、城乡道路、导视标志等七个篇章。读者可根据自身需要，结合无障碍设施的具体建设内容和示意图，查询相关篇章的无障碍设施一览表。

同时，本书也有助于主管部门对辖区内以及企事业单位对本单位的无障碍环境建设进行督导，为老百姓在宜居宜家、居养宜业等方面创造无障碍环境和幸福空间提供更多的法治力量。

目 录

导 论

自 2023 年 9 月 1 日《中华人民共和国无障碍环境建设法》正式施行以来，在党和国家的高度重视下，各部门、各行业、各地区认真贯彻习近平总书记关于无障碍环境建设的重要指示精神，落实《中华人民共和国无障碍环境建设法》，出台了一系列无障碍相关政策标准，为残疾人、老年人等群体平等、充分、便捷地参与社会生活创造了条件。

《中华人民共和国无障碍环境建设法》出台近一年以来，全社会参与无障碍环境建设的积极性显著提高。为创造更加安全、便捷、舒适的出行环境，构建和谐友爱的社会氛围，各地纷纷组织与无障碍环境建设相关的督查活动。由于相关法律条文专业性强，不够直观可视化，有些部门、单位、个人在面对无障碍环境建设不完善的问题时，时常感到困惑，不知问题症结之所在，亟须通过"图、文、表、照"相结合的形式，普及无障碍环境建设理念，加强无障碍环境建设全过程监管，做好信息无障碍环境建设，以进一步满足社会的不同需求。

一、无障碍环境建设的现实需求

1. 使用需求层面

《中华人民共和国无障碍环境建设法》规定，新建、改建、扩建的居住建筑、居住区、公共建筑、公共场所、交通运输设施、城乡道路等，应当符合无障碍设施工程建设标准。无障碍设施应当与主体工程同步规划、同步设计、同步施工、同步验收、同步交付使用，并与周边的无障碍设施有效衔接，实现贯通。无障碍设施应当设置符合标准的无障碍标志，并纳入周边环境或者建筑物内部的引导标志系统。

残疾人、老年人位于居住建筑、居住区、公共建筑、公共场所、交通运输设施、城乡道路等环境时，判断无障碍环境建设的规范性、便捷性的依据，除了法律制度保障和个人的生活经验，更重要的是有一本科普性强、直观明了的无障碍环境建设实用手册。

2. 建设实施层面

无障碍环境建设实施的精准性和完善程度，直接关乎残疾人、老年人的幸福感、获得感和安全感。《中华人民共和国无障碍环境建设法》以条文形式强调残疾人集中就业单位、居住区公共服务设施等重点单位、区域、场所配套建设无障碍设施，为加强宣传教育，引导建设单位、业主单位树立自觉响应无障碍设施建设的意识，亟待对无障碍设施相关的技术图纸进行化繁为简，以“图、文、表、照”相结合的形式进行呈现，使建设单位、业主单位精准地把握无障碍设施的建设内容、建设标准等。

3. 政府管理层面

无障碍环境建设是以政府为主导，全社会参与的公益性事业，住房和城乡建设、民政、工业和信息化、交通运输、自然资源、文化和旅游、教育、卫生健康等部门的工作边界是否协调统一也决定了无障碍环境建设的直接成果。《中华人民共和国无障碍环境建设法》强调，残疾人联合会、老龄协会等组织依照法律、法规以及各自章程，协助各级人民政府及其有关部门做好无障碍环境建设工作，对无障碍环境建设的管理体制作出规定。现实问题是，许多管理人员因缺乏无障碍环境建设的专业知识，不清楚辖区内应该配置哪些无障碍设施以及各类无障碍设施的相关技术要求，无法对各种无障碍环境建设进行有效监督，造成各类安全隐患。因此，相关部门急需一本操作性强、内容具体的无障碍环境建设实用手册，用以指导无障碍环境建设的日常管理工作。

二、当前无障碍环境建设存在的常见问题

1. 居住建筑

（1）单元入口。

①入口有台阶，未设置轮椅坡道。

②轮椅坡道未设置无障碍标志。

③轮椅坡道坡度偏大或通行宽度不足。

④轮椅坡道未设置扶手，在临空处未设置安全阻挡措施。

图 0-1 居住建筑单元入口常见问题

（2）电梯。

①电梯轿厢正面未设置镜面材质、扶手，未设置（或未开启）语音播报装置。

②电梯入口处未设置提示盲道。

图 0-2 居住建筑电梯常见问题

2. 居住区

（1）小区出入口。

①未设置雨篷。

②未设置垂直梯、升降平台、轮椅坡道。

图 0-3　小区出入口常见问题

（2）小区内公共空间。

①地面高差大，未设置无障碍出入口。

②未在休息座椅旁预留轮椅停留空间。

图 0-4　小区公共空间常见问题

3. 公共建筑

①入口有台阶，未设置轮椅坡道。

②未设置无障碍停车位及标志，或无障碍停车位旁轮椅通道宽度不足 1.2m。

③无障碍通道宽度不足 1.2m。

④办事大厅未设置低位服务台或未设置容膝容脚空间。

⑤未设置无障碍休息区。

⑥未设置轮椅席位。

⑦无障碍电梯未设置提升盲道，缺乏醒目的标志牌。

⑧无障碍厕所设置不规范或者功能挪作他用（被改作工人休息间、开水房等）。

图 0-5 公共建筑常见问题

4. 公共场所

①轮椅坡道坡度偏大或通行宽度不足。

②无障碍通道被占用。

③公共场所内的盲道未能与城市盲道保持连续性。

④台阶处未设置提示盲道。

⑤坡道未设置栏杆扶手。

图 0-6　公共场所常见问题

5. 交通运输设施

①站台通行宽度不足 1.5 米，轮椅缺乏回转空间。

②站台地面有高差，未能与城市盲道保持连续性。

③未设置盲文站牌。

④未设置语音播报装置。

⑤无障碍电梯门口地面盲道设置不规范。

图 0-7　交通运输设施常见问题

6. 城乡道路

①人行道盲道被占用。

②路缘石高差处未设置缘石坡道。

③盲道使用不规范。

图 0-8 城乡道路常见问题

7. 导视标志

①无障碍设施标志牌的安装位置和使用方法不规范。

②无障碍设施引导标志缺乏连续性和系统性。

③无障碍设施标志缺乏持续的管理和维护。

图 0-9 导视标志常见问题

三、无障碍环境建设相关规范文件

1.《方便残疾人使用的城市道路和建筑物设计规范（试行）》

1988 年 9 月，中华人民共和国建设部、中华人民共和国民政部、中国残疾人联合会共同发布《方便残疾人使用的城市道路和建筑物设计规范（试行）》（JGJ 50—1988），于 1989 年 4 月 1 日施行。

2.《民用机场旅客航站区无障碍设施设备配置标准》

2000 年 12 月 27 日，中国民用航空总局发布了《民用机场旅客航站区无障碍设施设备配置标准》（MH 5026—2000）。

3.《城市道路和建筑物无障碍设计规范》

2001 年 6 月 21 日，中华人民共和国建设部、中华人民共和国民政部、中国残疾人联合会联合发布《城市道路和建筑物无障碍设计规范》（JGJ 50—2001），于 2001 年 8 月 1 日施行，原《方便残疾人使用的城市道路和建筑物设计规范（试行）》（JGJ 50—1988）同时废止。

4.《铁路旅客车站无障碍设计规范》

2005 年 6 月 4 日，中华人民共和国铁道部发布了《铁路旅客车站无障碍设计规范》（TB 10083—2005），于 2005 年 7 月 1 日施行。

5.《无障碍设计规范》

2012 年 3 月 30 日，中华人民共和国住房和城乡建设部发布了《无障碍设计规范》（GB50763—2012），原《城市道路和建筑物无障碍设计规范》（JGJ 50—2001）同时废止。

6.《城市公用交通设施无障碍设计指南》

2017 年 5 月 12 日，中华人民共和国国家质量监督检验检疫总局发布《城市公用交通设施无障碍设计指南》(GB/T 33660—2017)，于 2017 年 12 月 1 日实施。

7.《民用机场旅客航站区无障碍设施设备配置技术标准》

2020 年 9 月 24 日，中国民用航空局发布《民用机场旅客航站区无障碍设施设备配置技术标准》(MH/T 5047—2020)，于 2020 年 12 月 1 日施行。

8.《建筑与市政工程无障碍通用规范》

2021 年 9 月 8 日，中华人民共和国住房和城乡建设部发布了《建筑与市政工程无障碍通用规范》（GB 55019—2021），该规范为强制性工程建设规范，全部条文必须严格执行。现行工程建设标准相关强制性条文同时废止。现行工程建设标准中有关规定与该规范不一致的，以该规范的规定为准。

四、本书特点

1. 内容实用

本书聚焦人民群众的日常生活，从居住建筑、居住区、公共建筑、公共场所、交通运输设施、城乡道路、导视标志七个方面进行编撰，力求做到常规无障碍设施全覆盖，突出实用性。

2. 方便查询

本书采用“图、文、表、照”相结合的方式加以编撰，以直观的解析图和照片场景呈现便于读者理解，以矩阵表格呈现便于读者进行查找与对照，以文字脚注呈现便于读者熟悉相关技术规范文件，更好地掌握和运用法律知识，从而提高法律法规的宣贯效果。

3. 方便携带

为方便读者携带和查阅，本书印制开本采用 32 开，既能保障足够的内容展示空间，又确保成书小巧，便于携带和存放。且选择易读字体和字号，确保阅读清晰和舒适。通过合理的印刷开本、适当的字体和尺寸设计，以及出于便携性的考虑，本书可以在保证内容丰富和清晰的同时，方便读者携带和查阅。

五、本书的操作指南

1. 适用对象

本书既是残疾人、老年人及其他有无障碍需求的人士在日常生活中了解无障碍设施相关知识的便捷渠道，也是残疾人事业工作者在日常管理工作中查阅各类无障碍设施建设要求的实用手册。

（1）残疾人、老年人及其他有无障碍需求的人士。

残疾人、老年人及其他有无障碍需求的人士，是无障碍设施的直接使用人群。本书以“图、文、表、照”相结合的直观形式，将无障碍环境建设的适用范围、建设内容、标准以及使用方法，呈现给残疾人、老年人及其他有无障碍需求的人士，便于他们系统了解和识别自己日常生活需求类型以及督导现有无障碍环境建设的规范性。

（2）残疾人事业工作者。

除了各级残疾人联合会，残疾人事业工作者还包括住房和城乡建设、民政、工业和信息化、交通运输、自然资源、文化和旅游、教育、卫生健康等部门的工作者。本书有助于他们在各自职责范围内开展无障碍环境建设工作，实现部门工作协调统一。

2. 使用方法

本书按照建设范围和建设内容分为居住建筑、居住区、公共建筑、公共场所、交通运输设施、城乡道路、导视标志七个方面。首先，读者可以根据建设类别，快速定位所需查阅信息。其次，在确定建设类别以后，进一步查找具体部位，例如入口、楼梯、卫生间等，然后即可阅读对应图片和配套的文字。最后，全面了解无障碍设施的适用范围、具体设计标准和使用方法。

（1）查类别。读者初次使用本书时，可先在目录确定需要查询的场景类别，判断其属于居住建筑、居住区、公共建筑、公共场所、交通运输设施、城乡道路还是属于导视标志。

（2）查场景。锁定场景类别对应的页码，查阅该类别的无障碍设施一览表，定位具体的场景，可详细了解不同场景需要配置的无障碍设施种类。在具体的章节，配套有典型场景的图文示意，以便于读者心领神会。

（3）查设施。查询到无障碍设施种类之后，若需进一步了解某项无障碍设施的具体建设内容，可通过查阅无障碍设施建设要素表，定位到无障碍设施分表。该表有无障碍设施的建设要点、建设要素以及图文详解的编号。

（4）查图文。根据图文详解的编号，定位至对应的页码，完成无障碍设施的图文查阅。

具体举例说明，如果想了解商场电梯的无障碍建设要求，可参照以下步骤进行查询。

第一步，商场属于公共建筑，在目录查询对应的章节页码。

目 录

导论 ······ 2

1 居住建筑 ······ 14

2 居住区 ······ 54

3 公共建筑 ······ 72

4 公共场所 ······ 104

5 交通运输设施 ······ 118

6 城乡道路 ······ 130

7 导视标志 ······ 146

图 0-10 查询第一步

第二步，在无障碍设施一览表中，定位“无障碍电梯”。

表 3-1 公共建筑无障碍设施一览表

建筑类型		无障碍出入口	无障碍通道	无障碍楼梯	无障碍电梯	无障碍车位	低位服务设施	标志导视	无障碍休息区	轮椅席位	轮椅停留空间	扶手	无障碍厕所	公共厕所&厕位
办公、科研、司法建筑	有公共服务	●	●	●	●	●	●	●	●	●	●	●	●	●
	其他	●			●	●	●	●		●		●		●
教育建筑		●	●	●	●	●	●	●		●		●	●	●
医疗康复建筑		●	●	●	●	●	●	●	●		●	●	●	●
福利及特殊服务建筑		●	●	●	●	●	●	●	●		●	●	●	●
体育建筑		●	●	●	●	●	●	●	●	●		●	●	●
文化建筑		●	●	●	●	●	●	●	●	●		●	●	●
商业服务建筑		●	●	●	●	●	●	●				●	●	●

注：“●”为规范中应配置的无障碍设施；

“●*”表示需设置盲人专用图书室（角）。

图 0-11 查询第二步

第三步，根据无障碍设施建设要素表，锁定“无障碍电梯”一栏，该栏里展示了具体的建设要素，包括回转空间、低位按钮、提示盲道、显示装置等。

设施名称	要　点	要　素	图文详解
无障碍电梯	电梯厅	回转空间	1.6.1
		低位按钮	1.6.1
		提示盲道	1.6.1
		显示装置	1.6.1
		抵达音响	1.6.1
		盲文标志	1.6.1
	电梯	轿厢尺寸	1.6.2
		通行宽度	1.6.3
		自动门开启时间	1.6.3
		轿厢内扶手	1.6.5
		盲文选层按钮	1.6.5
		显示装置和报层音响	1.6.5
		镜面材质	1.6.5

图 0-12　查询第三步

第四步，定位到图文详解 1.6.1 条，即可知悉无障碍电梯的具体建设要求。

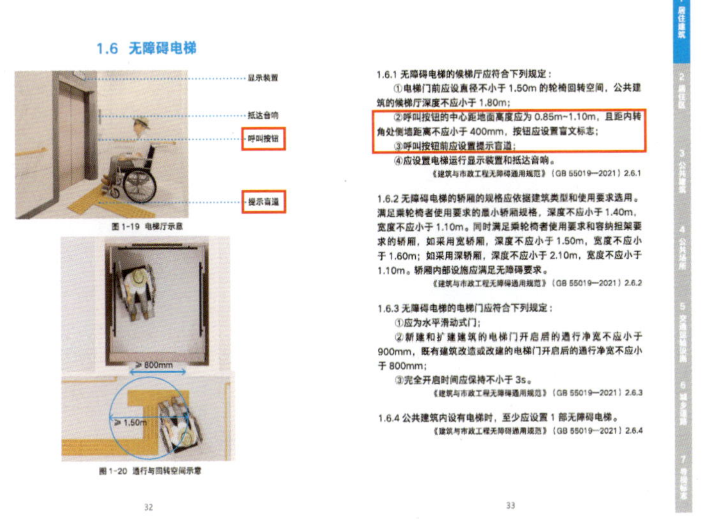
1.6　无障碍电梯

图 1-19　电梯厅示意

图 1-20　通行与回转空间示意

32

1.6.1 无障碍电梯的候梯厅应符合下列规定：

①电梯门前应设直径不小于 1.50m 的轮椅回转空间，公共建筑的候梯厅深度不应小于 1.80m；

②呼叫按钮的中心距地面高度应为 0.85m~1.10m，且距内转角处侧墙距离不应小于 400mm，按钮应设置盲文标志；

③呼叫按钮前应设置提示盲道；

④应设置电梯运行显示装置和抵达音响。

《建筑与市政工程无障碍通用规范》（GB 55019—2021）2.6.1

1.6.2 无障碍电梯的轿厢的规格应依据建筑类型和使用要求选用。满足乘轮椅者使用要求的最小轿厢规格，深度不应小于 1.40m，宽度不应小于 1.10m。同时满足乘轮椅者使用要求和容纳担架要求的轿厢，如采用宽轿厢，深度不应小于 1.50m，宽度不应小于 1.60m；如采用深轿厢，深度不应小于 2.10m，宽度不应小于 1.10m。轿厢内部设施应满足无障碍要求。

《建筑与市政工程无障碍通用规范》（GB 55019—2021）2.6.2

1.6.3 无障碍电梯的电梯门应符合下列规定：

①应为水平滑动式门；

②新建和扩建建筑的电梯门开启后的通行净宽不应小于 900mm，既有建筑改造或改建的电梯门开启后的通行净宽不应小于 800mm；

③完全开启时间应保持不小于 3s。

《建筑与市政工程无障碍通用规范》（GB 55019—2021）2.6.3

1.6.4 公共建筑内设有电梯时，至少应设置 1 部无障碍电梯。

《建筑与市政工程无障碍通用规范》（GB 55019—2021）2.6.4

33

图 0-13　查询第四步

1 居住建筑

RESIDENTIAL BUILDING

1.1 居住建筑无障碍环境重点设施

表 1-1 居住建筑无障碍设施一览表

建筑类型		无障碍出入口	无障碍通道	无障碍楼梯	无障碍电梯	无障碍厕所	公共厕所&厕位	无障碍淋浴间	无障碍盆浴间	无障碍厨房	无障碍客房	无障碍宿舍	设施数量小计
住宅及公寓	有电梯	●			●	●		●	●	●	●		7
	无电梯	●		●		●		●	●	●	●		7
宿舍建筑	有电梯	●	●		●	●	●	●				●	7
	无电梯	●	●	●		●	●	●				●	7

注：“●”为规范中应配置的无障碍设施。

图 1-1 无障碍出入口

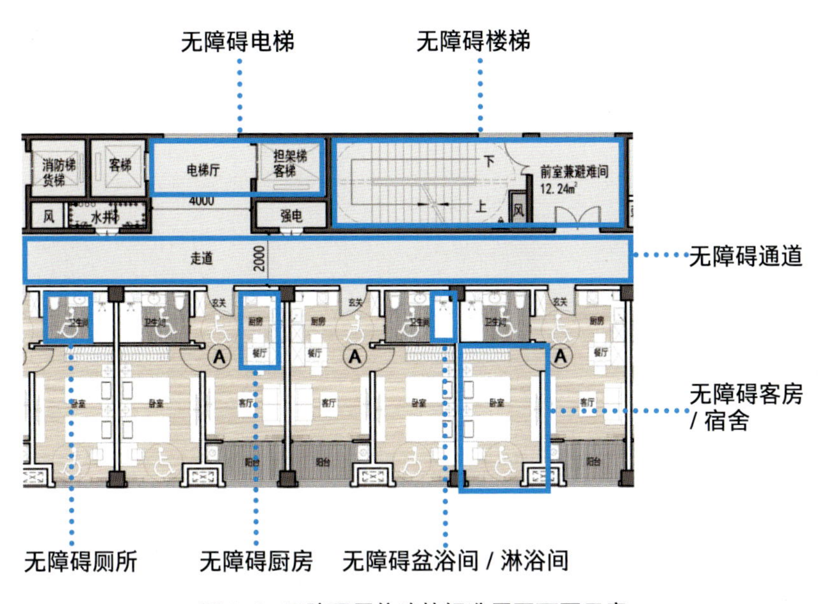

图 1-2 无障碍居住建筑标准层平面图示意

表 1-2 各类无障碍设施建设要素

设施名称	要　　点	要　　素	图文详解
无障碍出入口	出入口样式	平坡出入口	1.2.6
		台阶+轮椅坡道	1.3
		台阶+升降平台	1.4
	入口平台	回转空间	1.2.2
		雨篷	1.2.2
	门	样式	1.5.2
		通行宽度	1.2.3
		回转空间	1.2.5 1.5.7
		门槛高差	1.5.3
		玻璃门	1.5.6
		手动门	1.5.4
		自动门	1.5.5

续表

设施名称	要　点	要　素	图文详解
无障碍通道	—	地面高差	3.10.1
		通道净宽	3.10.2
		门洞净宽	3.10.3
		雨水箅子、井盖	3.10.4
		低矮空间防护	3.10.5
		障碍物	4.2.2
		危险防护	4.2.3
		地面要求	4.2.4
无障碍楼梯及台阶	台阶	踏步宽度	1.7.4
		踏步高度	1.7.4
		防滑条	1.7.1
		样式	1.7.1
		提示盲道	1.7.1
		扶手	1.7.2 1.8
	楼梯	踏步宽度	1.7.3
		踏步高度	1.7.3
		防滑条	1.7.1
		样式	1.7.1
		提示盲道	1.7.1
		扶手	1.7.2 1.8
		颜色	1.7.1
		安全阻挡	1.7.3

续表

设施名称	要　　点	要　　素	图文详解
无障碍电梯	电梯厅	回转空间	1.6.1
		低位按钮	1.6.1
		提示盲道	1.6.1
		显示装置	1.6.1
		抵达音响	1.6.1
		盲文标志	1.6.1
	电梯	轿厢尺寸	1.6.2
		通行宽度	1.6.3
		自动门开启时间	1.6.3
		轿厢内扶手	1.6.5
		盲文选层按钮	1.6.5
		显示装置和报层音响	1.6.5
		镜面材质	1.6.5

续表

设施名称	要　点	要　素	图文详解
无障碍住房居室宿舍	—	在建筑物中位置	1.11.1
		回转空间	1.11.2
		交通空间	1.11.11
		救助呼叫装置	1.11.3
		卫生间	1.11.4 1.11.12 1.11.13
		厨房	1.11.5 1.11.13
		床侧通道	1.11.6
		窗户开关	1.11.7
		门铃	1.11.8
		家具、电器	1.11.9
		门	1.11.10
		卧室面积	1.11.13
		起居室面积	1.11.13
无障碍淋浴间	—	内部空间	1.9.7
		外部回转空间	1.9.7
		坐台	1.9.7
		安全抓杆	1.9.7
		开关	1.9.7
无障碍盆浴间	—	外部空间	1.9.8
		浴盆高度	1.9.8
		坐台	1.9.8
		安全抓杆	1.9.8
无障碍厨房	—	电器高度	1.10.1
		台面高度	1.10.1
		容膝容脚空间	1.10.1
		分体水槽	1.10.1

续表

设施名称	要　点	要　素	图文详解
无障碍厕所	总体要求	面积及回转空间	1.9.1
		配置设施名称	1.9.1
		门	1.9.2
		多功能台	1.9.2
		挂衣钩	1.9.2
		无障碍标志	1.9.2
	坐便器	安全抓杆	1.9.4
		抓杆安装位置	1.9.4
		水箱控制装置	1.9.4
		取纸器	1.9.4
		救助呼叫装置	1.9.4
	小便器	安全抓杆	1.9.5
		抓杆安装位置	1.9.5
		小便器安装位置	1.9.5
	洗手盆	台面高度	1.9.6
		容膝容脚空间	1.9.6
		镜子	1.9.6
		水龙头	1.9.6
公共厕所&厕位	公共厕所	配置设施名称	2.4.1
		回转空间	2.4.1
		门	2.4.2
		地面	2.4.2
		无障碍标志	2.4.2
		布局	2.4.3
	厕位	尺寸	2.4.4
		坐便器	2.4.5
		门	2.4.5

1.2 无障碍出入口

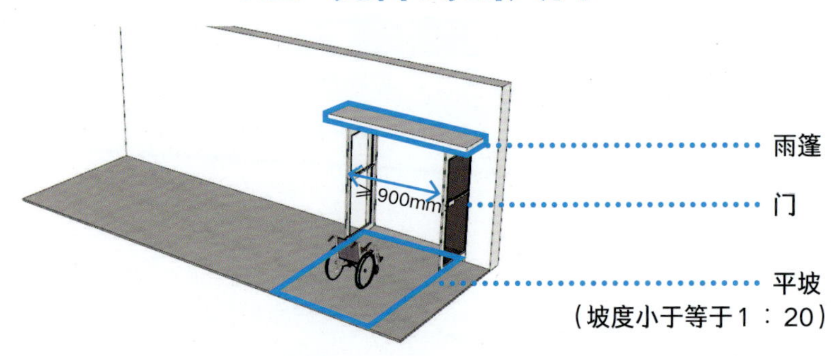

图 1-3 平坡出入口

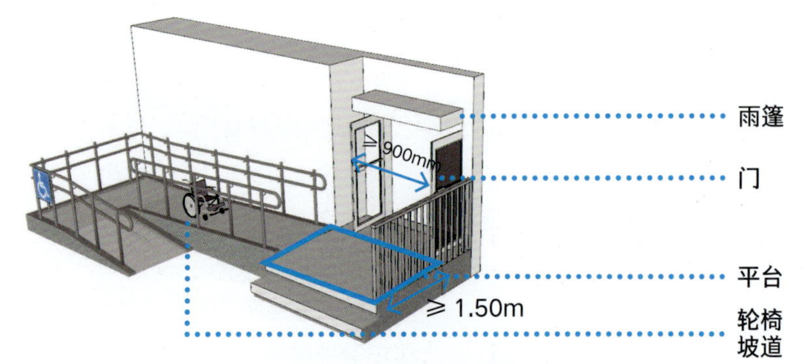

图 1-4 同时设置台阶和轮椅坡道的出入口

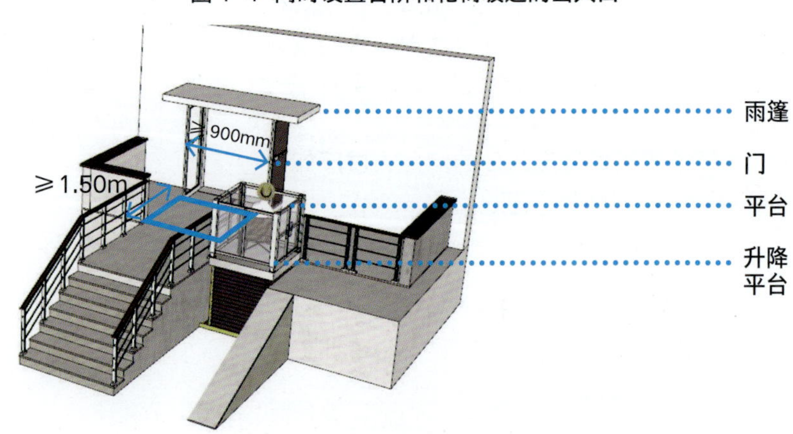

图 1-5 同时设置台阶和升降平台的出入口

1.2.1 无障碍出入口应为下列 3 种出入口之一：

①地面坡度不大于 1 ：20 的平坡出入口；

②同时设置台阶和轮椅坡道的出入口；

③同时设置台阶和升降平台的出入口。

《建筑与市政工程无障碍通用规范》（GB 55019—2021）2.4.1

1.2.2 除平坡出入口外，无障碍出入口的门前应设置平台；在门完全开启的状态下，平台的净深度不应小于 1.50m；无障碍出入口的上方应设置雨篷。

《建筑与市政工程无障碍通用规范》（GB 55019—2021）2.4.2

1.2.3 设置出入口闸机时，至少有一台开启后的通行净宽不应小于 900mm，或者在紧邻闸机处设置供乘轮椅者通行的出入口，通行净宽不应小于 900mm。

《建筑与市政工程无障碍通用规范》（GB 55019—2021）2.4.3

1.2.4 无障碍通道上有井盖、箅子时，井盖、箅子孔洞的宽度或直径不应大于 13mm，条状孔洞应垂直于通行方向。

《建筑与市政工程无障碍通用规范》（GB 55019—2021）2.2.4

1.2.5 无障碍出入口应符合下列规定：

①出入口的地面应平整、防滑；

②同时设置台阶和升降平台的出入口宜只应用于受场地限制无法改造坡道的工程，并应符合本规范第 3.7.3 条（即本手册 1.4.2 条）的有关规定；

③建筑物无障碍出入口的门厅、过厅如设置两道门，门扇同时开启时两道门的间距不应小于 1.50m。

《无障碍设计规范》（GB 50763—2012）3.3.2

1.2.6 无障碍出入口的轮椅坡道及平坡出入口的坡度应符合下列规定：

平坡出入口的地面坡度不应大于 1 ：20，当场地条件比较好时，不宜大于 1 ：30。

《无障碍设计规范》（GB 50763—2012）3.3.3

1.3 轮椅坡道

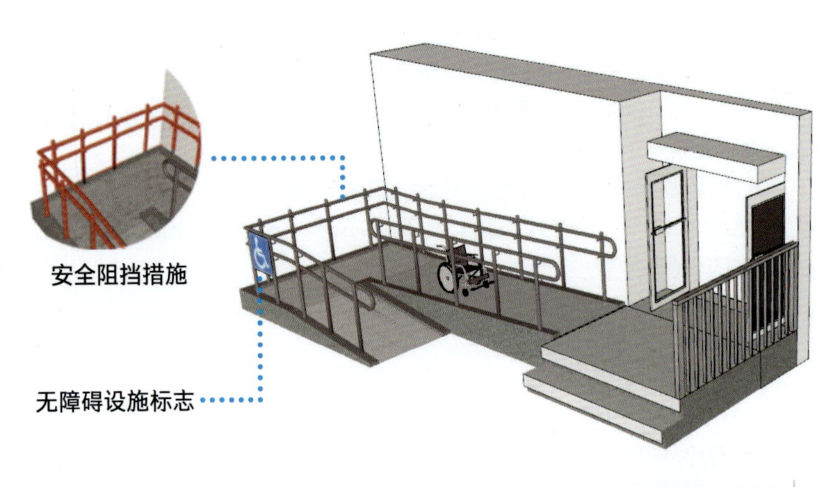

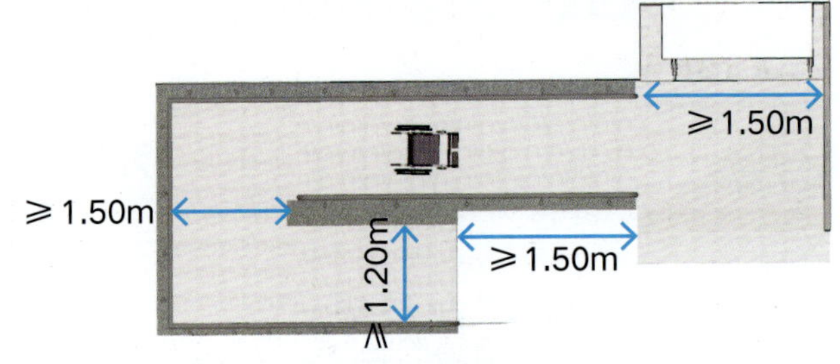

图 1-6 通行净宽 & 水平长度

150mm 坡度 1 ：10 坡道最大高度及水平长度

1.50m

坡度 1 ：12 单段坡道最大高度及水平长度

坡度 1 ：20 单段坡道最大高度及水平长度

图 1-7 各坡度单段坡道最大高度及水平长度

1.3.1 轮椅坡道的坡度和坡段提升高度应符合下列规定：

①横向坡度不应大于 1 ：50，纵向坡度不应大于 1 ：12，当条件受限且坡段起止点的高差不大于 150mm 时，纵向坡度不应大于 1 ：10；

②每段坡道的提升高度不应大于 750mm。

《建筑与市政工程无障碍通用规范》（GB 55019—2021）2.3.1

1.3.2 轮椅坡道的通行净宽不应小于 1.20m。

《建筑与市政工程无障碍通用规范》（GB 55019—2021）2.3.2

1.3.3 轮椅坡道的起点、终点和休息平台的通行净宽不应小于坡道的通行净宽，水平长度不应小于 1.50m，门扇开启和物体不应占用此范围空间。

《建筑与市政工程无障碍通用规范》（GB 55019—2021）2.3.3

1.3.4 轮椅坡道的高度大于 300mm 且纵向坡度大于 1 ：20 时，应在两侧设置扶手，坡道与休息平台的扶手应保持连贯。

《建筑与市政工程无障碍通用规范》（GB 55019—2021）2.3.4

1.3.5 设置扶手的轮椅坡道的临空侧应采取安全阻挡措施。

《建筑与市政工程无障碍通用规范》（GB 55019—2021）2.3.5

1.3.6 轮椅坡道宜设计成直线形、直角形或折返形。

《无障碍设计规范》（GB 50763—2012）3.4.1

1.3.7 轮椅坡道的坡面应平整、防滑、无反光。

《无障碍设计规范》（GB 50763—2012）3.4.5

1.3.8 轮椅坡道应设置无障碍标志，无障碍标志应符合本规范第 3.16 节（即本手册第 7 章）的有关规定。

《无障碍设计规范》（GB 50763—2012）3.4.8

1.4 升降平台

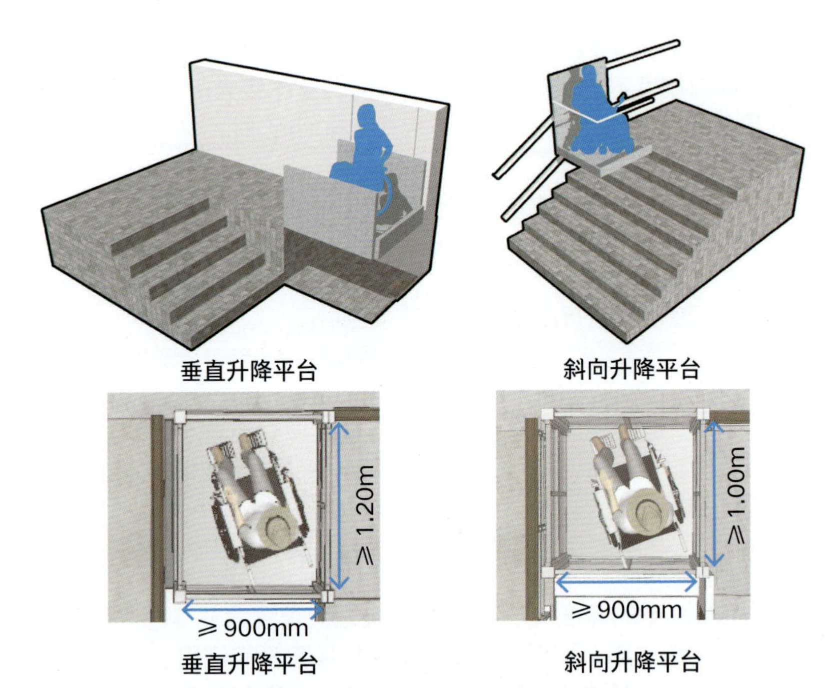

图 1-8 垂直升降平台和斜向升降平台示意及尺寸

1.4.1 升降平台应符合下列规定：

①深度不应小于 1.20m，宽度不应小于 900mm，应设扶手、安全挡板和呼叫控制按钮，呼叫控制按钮的高度应符合本规范第 2.6.1 条（即本手册 1.6.1 条）的有关规定；

②应采用防止误入的安全防护措施；

③传送装置应设置可靠的安全防护装置。

《建筑与市政工程无障碍通用规范》（GB 55019—2021）2.6.5

1.4.2 升降平台应符合下列规定：

①升降平台只适用于场地有限的改造工程；

②斜向升降平台宽度不应小于 900mm，深度不应小于 1.00m，应设扶手和挡板。

《无障碍设计规范》（GB 50763—2012）3.7.3

1.5 门

图 1-9 旋转门示意

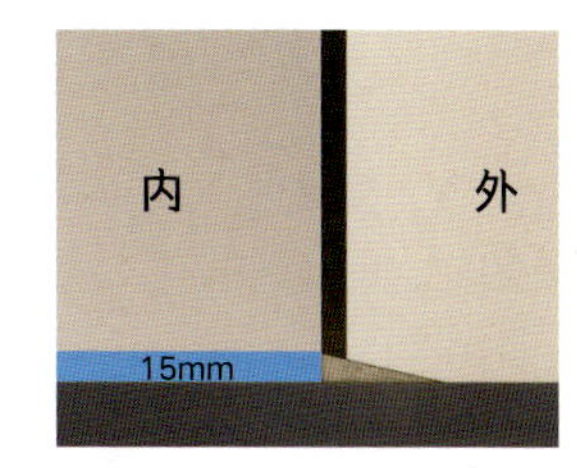

图 1-10 门槛截面示意

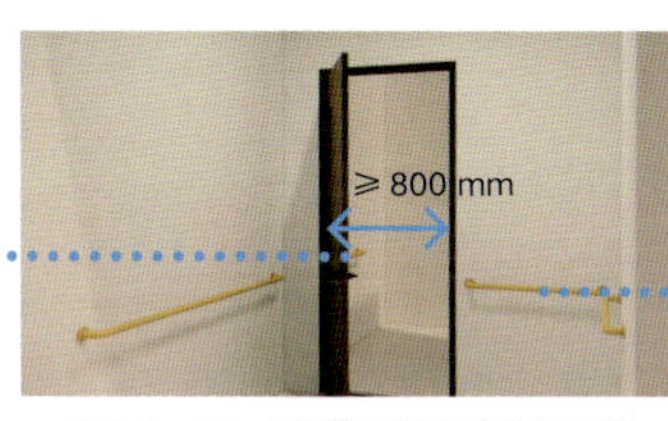

图 1-11 无障碍手动门示意

1.5.1 满足无障碍要求的门应可以被清晰辨认，并应保证方便开关和安全通过。

《建筑与市政工程无障碍通用规范》（GB 55019—2021）2.5.1

1.5.2 在无障碍通道上不应使用旋转门。

《建筑与市政工程无障碍通用规范》（GB 55019—2021）2.5.2

1.5.3 满足无障碍要求的门不应设挡块和门槛，门口有高差时，高度不应大于 15mm，并应以斜面过渡，斜面的纵向坡度不应大于 1 ∶ 10。

《建筑与市政工程无障碍通用规范》（GB 55019—2021）2.5.3

1.5.4 满足无障碍要求的手动门应符合下列规定：

①新建和扩建建筑的门开启后的通行净宽不应小于 900mm，既有建筑改造或改建的门开启后的通行净宽不应小于 800mm；

②平开门的门扇外侧和里侧均应设置扶手，扶手应保证单手握拳操作，操作部分距地面高度应为 0.85m~1.00m；

③除防火门外，门开启所需的力度不应大于 25N。

《建筑与市政工程无障碍通用规范》（GB 55019—2021）2.5.4

图 1-12　自动门示意

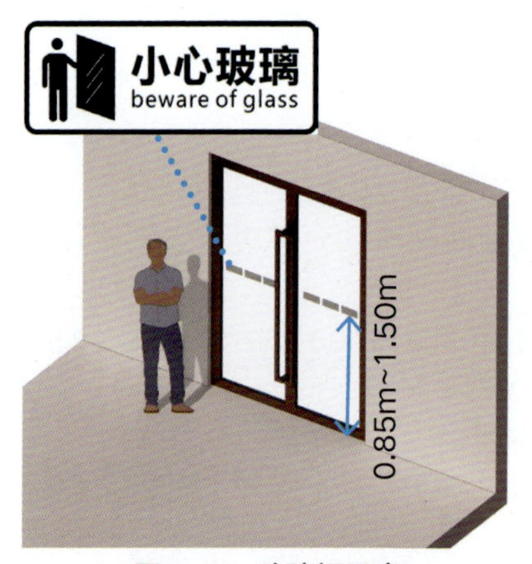

图 1-13　玻璃门示意

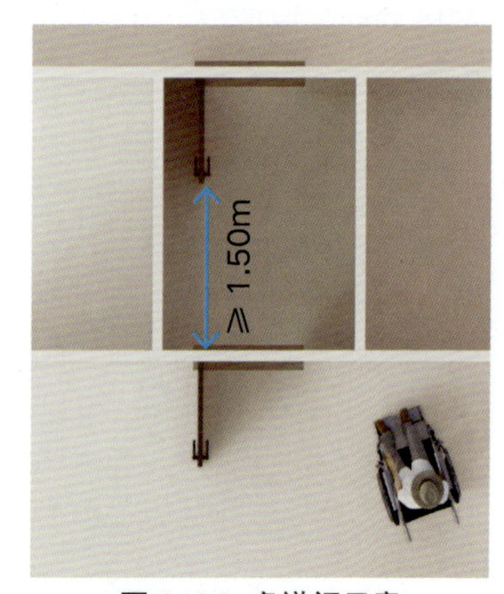

图 1-14　多道门示意

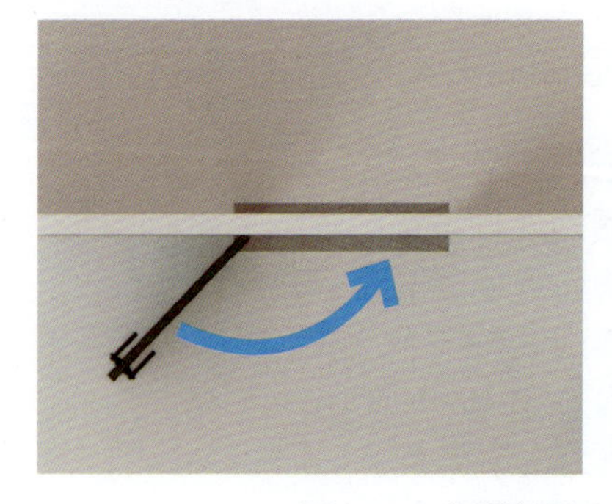

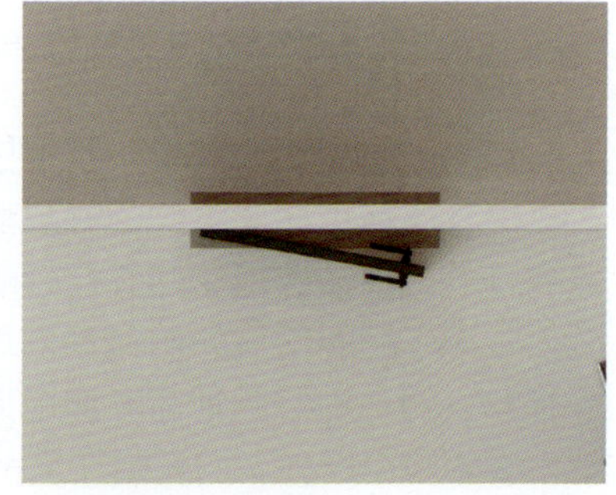

图 1-15　门器从最大角到关闭前 10°示意

1.5.5 满足无障碍要求的自动门应符合下列规定：

①开启后的通行净宽不应小于 1.00m；

②当设置手动启闭装置时，可操作部件的中心距地面高度应为 0.85m~1.00m。

《建筑与市政工程无障碍通用规范》（GB 55019—2021）2.5.5

1.5.6 全玻璃门应符合下列规定：

①应选用安全玻璃或采取防护措施，并应采取醒目的防撞提示措施；

②开启扇左右两侧为玻璃隔断时，门应与玻璃隔断在视觉上显著区分开，玻璃隔断并应采取醒目的防撞提示措施；

③防撞提示应横跨玻璃门或隔断，距地面高度应为 0.85m~1.50m。

《建筑与市政工程无障碍通用规范》（GB 55019—2021）2.5.6

1.5.7 连续设置多道门时，两道门之间的距离除去门扇摆动的空间后的净间距不应小于 1.50m。

《建筑与市政工程无障碍通用规范》（GB 55019—2021）2.5.7

1.5.8 满足无障碍要求的安装有闭门器的门，从闭门器最大受控角度到完全关闭前 10°的闭门时间不应小于 3s。

《建筑与市政工程无障碍通用规范》（GB 55019—2021）2.5.8

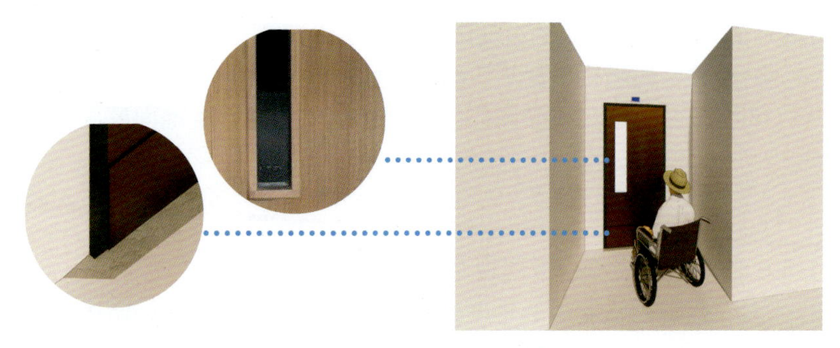

图 1-16 观察窗及护门板示意

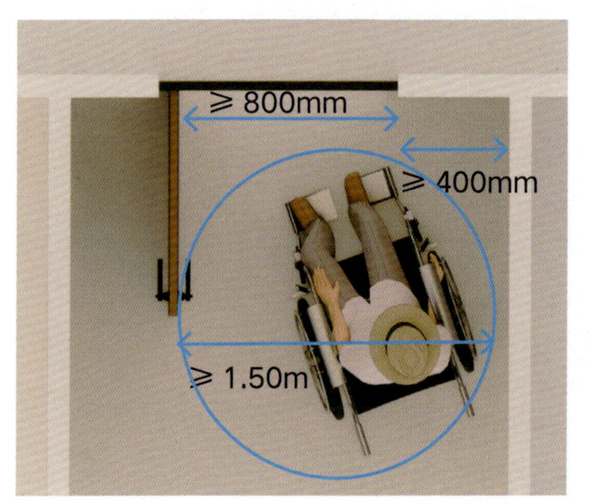

图 1-17 回转空间及尺寸示意

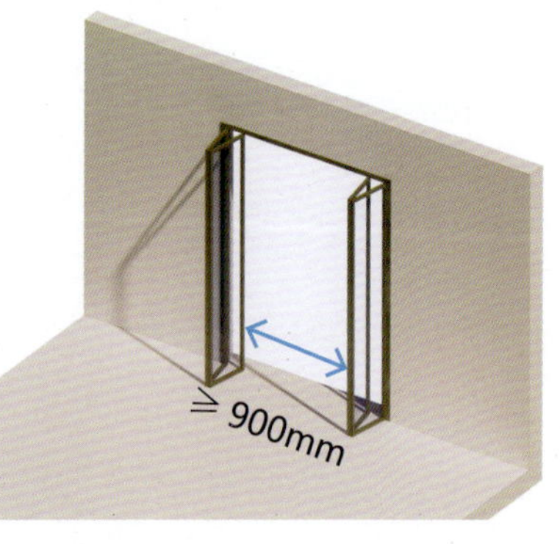

图 1-18 折叠门示意

1.5.9 满足无障碍要求的双向开启的门应在可视高度部分安装观察窗，通视部分的下沿距地面高度不应大于 850mm。

《建筑与市政工程无障碍通用规范》（GB 55019—2021）2.5.9

1.5.10 门的无障碍设计应符合下列规定：

①不应采用力度大的弹簧门并不宜采用弹簧门、玻璃门，当采用玻璃门时，应有醒目的提示标志；

②平开门、推拉门、折叠门开启后的通行净宽度不应小于 800mm，有条件时，不宜小于 900mm；

③在门扇内外应留有直径不小于 1.50m 的轮椅回转空间；

④在单扇平开门、推拉门、折叠门的门把手一侧的墙面，应设宽度不小于 400mm 的墙面；

⑤平开门、推拉门、折叠门的门扇应设距地 900mm 的把手，宜设视线观察玻璃，并宜在距地 350mm 范围内安装护门板；

⑥无障碍通道上的门扇应便于开关；

⑦宜与周围墙面有一定的色彩反差，方便识别。

《无障碍设计规范》（GB 50763—2012）3.5.3

1.6 无障碍电梯

图 1-19 电梯厅示意

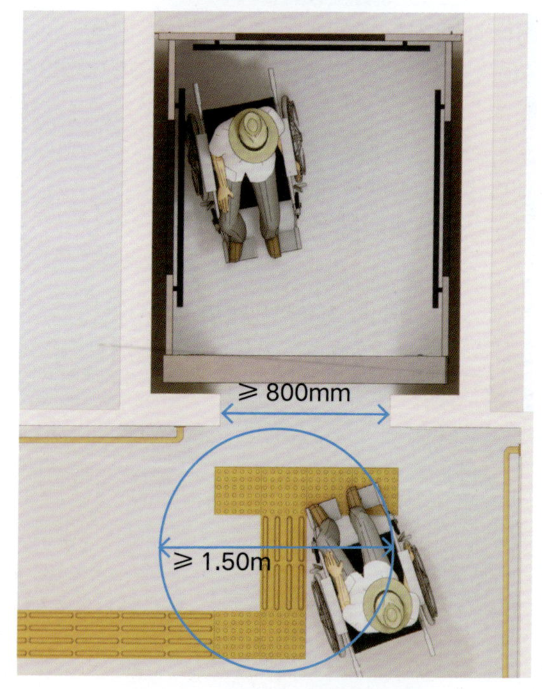

图 1-20 通行与回转空间示意

1.6.1 无障碍电梯的候梯厅应符合下列规定：

①电梯门前应设直径不小于 1.50m 的轮椅回转空间，公共建筑的候梯厅深度不应小于 1.80m；

②呼叫按钮的中心距地面高度应为 0.85m~1.10m，且距内转角处侧墙距离不应小于 400mm，按钮应设置盲文标志；

③呼叫按钮前应设置提示盲道；

④应设置电梯运行显示装置和抵达音响。

《建筑与市政工程无障碍通用规范》（GB 55019—2021）2.6.1

1.6.2 无障碍电梯的轿厢的规格应依据建筑类型和使用要求选用。满足乘轮椅者使用要求的最小轿厢规格，深度不应小于 1.40m，宽度不应小于 1.10m。同时满足乘轮椅者使用要求和容纳担架要求的轿厢，如采用宽轿厢，深度不应小于 1.50m，宽度不应小于 1.60m；如采用深轿厢，深度不应小于 2.10m，宽度不应小于 1.10m。轿厢内部设施应满足无障碍要求。

《建筑与市政工程无障碍通用规范》（GB 55019—2021）2.6.2

1.6.3 无障碍电梯的电梯门应符合下列规定：

①应为水平滑动式门；

②新建和扩建建筑的电梯门开启后的通行净宽不应小于 900mm，既有建筑改造或改建的电梯门开启后的通行净宽不应小于 800mm；

③完全开启时间应保持不小于 3s。

《建筑与市政工程无障碍通用规范》（GB 55019—2021）2.6.3

1.6.4 公共建筑内设有电梯时，至少应设置 1 部无障碍电梯。

《建筑与市政工程无障碍通用规范》（GB 55019—2021）2.6.4

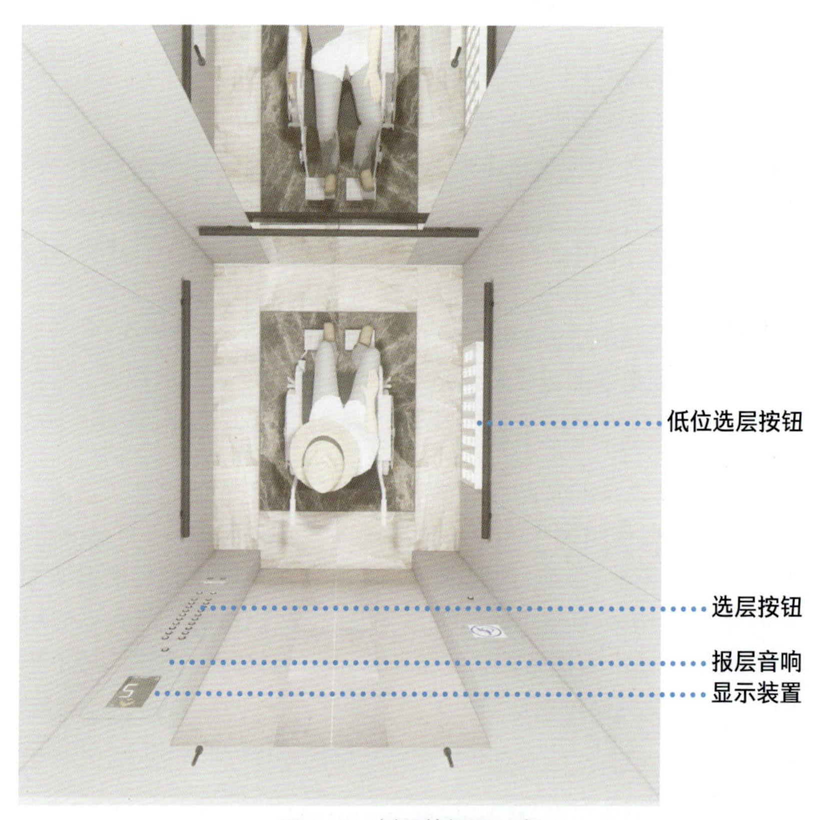

图 1-21 轿厢俯视图示意

图 1-22 盲文选层按钮示意

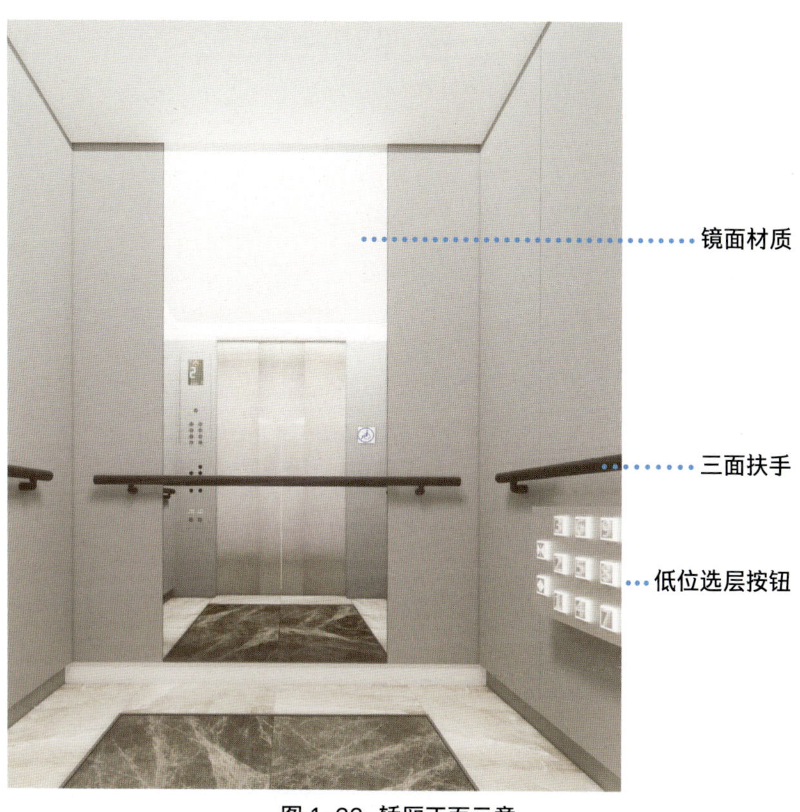

图 1-23 轿厢正面示意

1.6.5 无障碍电梯的轿厢应符合下列规定：

①在轿厢的侧壁上应设高 0.90m~1.10m 带盲文的选层按钮，盲文宜设置于按钮旁；

②轿厢的三面壁上应设高 850mm~900mm 扶手，扶手应符合本规范第 3.8 节（即本手册 1.8.6 条、1.8.7 条）的相关规定；

③轿厢内应设电梯运行显示装置和报层音响；

④轿厢正面高 900mm 处至顶部应安装镜子或采用有镜面效果的材料；

⑤电梯位置应设无障碍标志，无障碍标志应符合本规范第 3.16 节（即本手册第 7 章）的有关规定。

《无障碍设计规范》（GB 50763—2012）3.7.2

1.7 楼梯和台阶

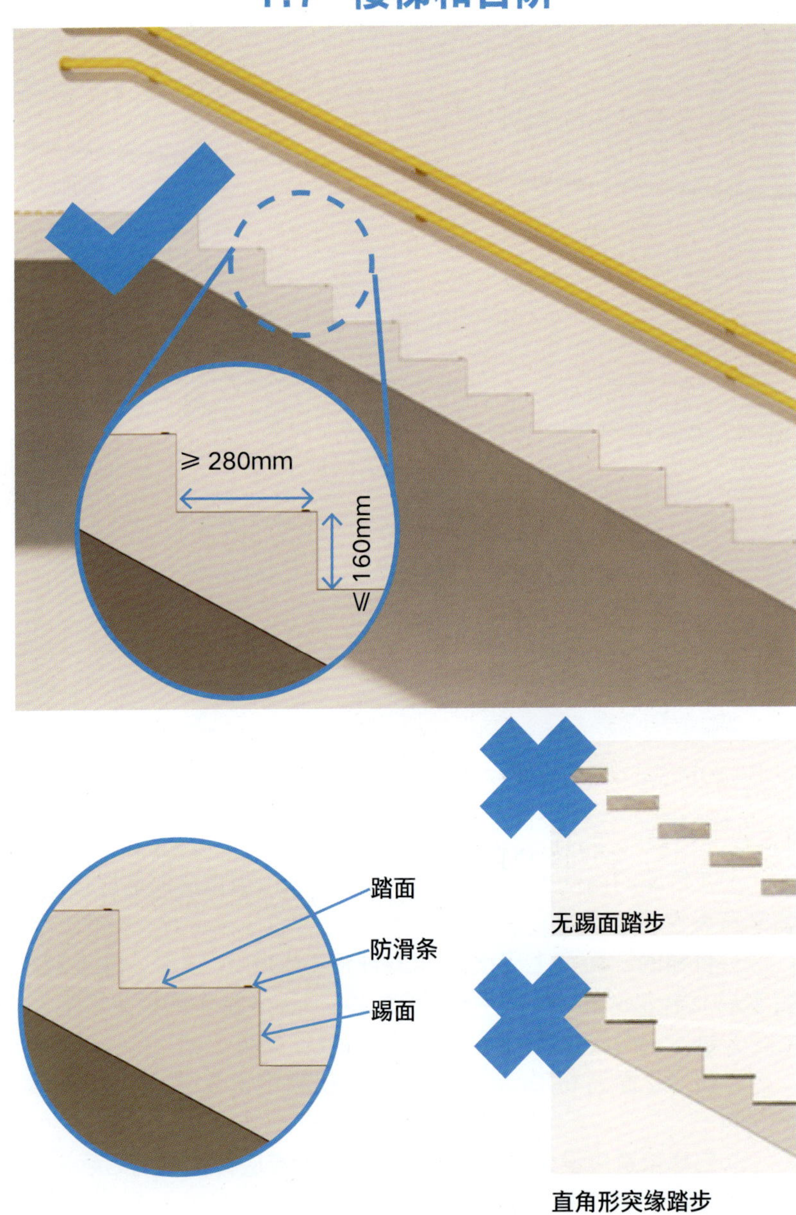

图 1-24 楼梯台阶示意

1.7.1 视觉障碍者主要使用的楼梯和台阶应符合下列规定：

①距踏步起点和终点 250mm~300mm 处应设置提示盲道，提示盲道的长度应与梯段的宽度相对应；

②上行和下行的第一阶踏步应在颜色或材质上与平台有明显区别；

③不应采用无踢面和直角形突缘的踏步；

④踏步防滑条、警示条等附着物均不应突出踏面。

《建筑与市政工程无障碍通用规范》（GB 55019—2021）2.7.1

1.7.2 行动障碍者和视觉障碍者主要使用的三级及三级以上的台阶和楼梯应在两侧设置扶手。

《建筑与市政工程无障碍通用规范》（GB 55019—2021）2.7.2

1.7.3 无障碍楼梯应符合下列规定：

①宜采用直线形楼梯；

②公共建筑楼梯的踏步宽度不应小于 280mm，踏步高度不应大于 160mm；

③宜在两侧均做扶手；

④如采用栏杆式楼梯，在栏杆下方宜设置安全阻挡措施；

⑤踏面应平整防滑或在踏面前缘设防滑条；

⑥距踏步起点和终点 250mm~300mm 处宜设提示盲道；

⑦踏面和踢面的颜色宜有区分和对比。

《无障碍设计规范》（GB 50763—2012）3.6.1

1.7.4 台阶的无障碍设计应符合下列规定：

公共建筑的室内外台阶踏步宽度不宜小于 300mm，踏步高度不宜大于 150mm，并不应小于 100mm。

《无障碍设计规范》（GB 50763—2012）3.6.2

1.8 扶手

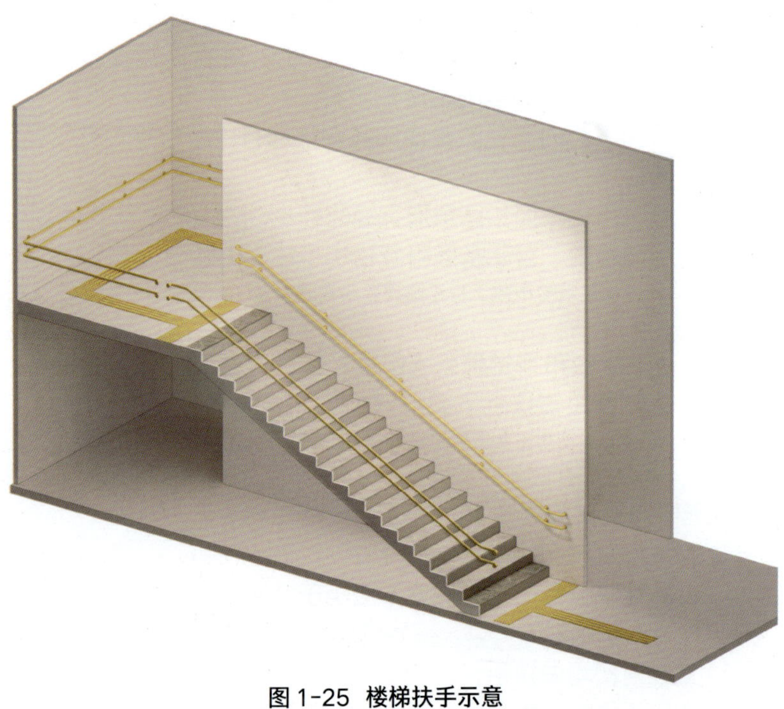

图 1-25 楼梯扶手示意

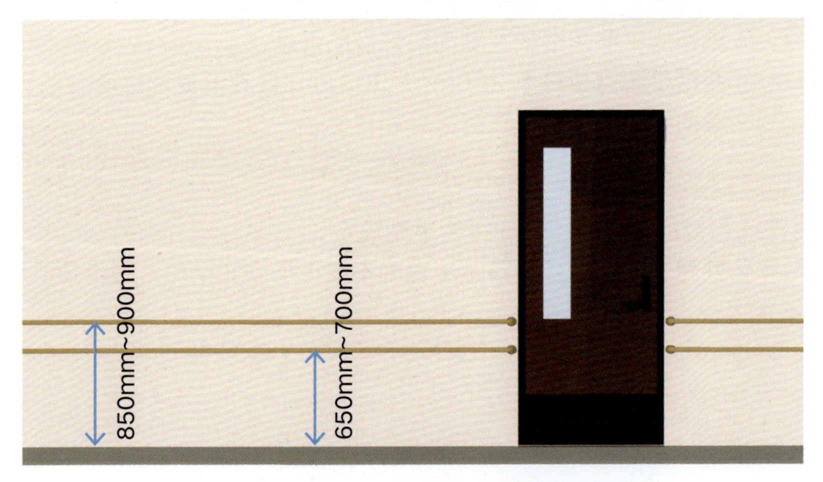

图 1-26 无障碍扶手示意

1.8.1 满足无障碍要求的单层扶手的高度应为 850mm~900mm；设置双层扶手时，上层扶手高度应为 850mm~900mm，下层扶手高度应为 650mm~700mm。

《建筑与市政工程无障碍通用规范》（GB 55019—2021）2.8.1

1.8.2 行动障碍者和视觉障碍者主要使用的楼梯、台阶和轮椅坡道的扶手应在全长范围内保持连贯。

《建筑与市政工程无障碍通用规范》（GB 55019—2021）2.8.2

1.8.3 行动障碍者和视觉障碍者主要使用的楼梯和台阶、轮椅坡道的扶手起点和终点处应水平延伸，延伸长度不应小于 300mm；扶手末端应向墙面或向下延伸，延伸长度不应小于 100mm。

《建筑与市政工程无障碍通用规范》（GB 55019—2021）2.8.3

1.8.4 扶手应固定且安装牢固，形状和截面尺寸应易于抓握，截面的内侧边缘与墙面的净距离不应小于 40mm。

《建筑与市政工程无障碍通用规范》（GB 55019—2021）2.8.4

1.8.5 扶手应与背景有明显的颜色或亮度对比。

《建筑与市政工程无障碍通用规范》（GB 55019—2021）2.8.5

1.8.6 扶手应安装坚固，形状易于抓握。圆形扶手的直径应为 35mm~50mm，矩形扶手的截面尺寸应为 35mm~50mm。

《无障碍设计规范》（GB 50763—2012）3.8.5

1.8.7 扶手的材质宜选用防滑、热惰性指标好的材料。

《无障碍设计规范》（GB 50763—2012）3.8.6

1.9 无障碍厕所

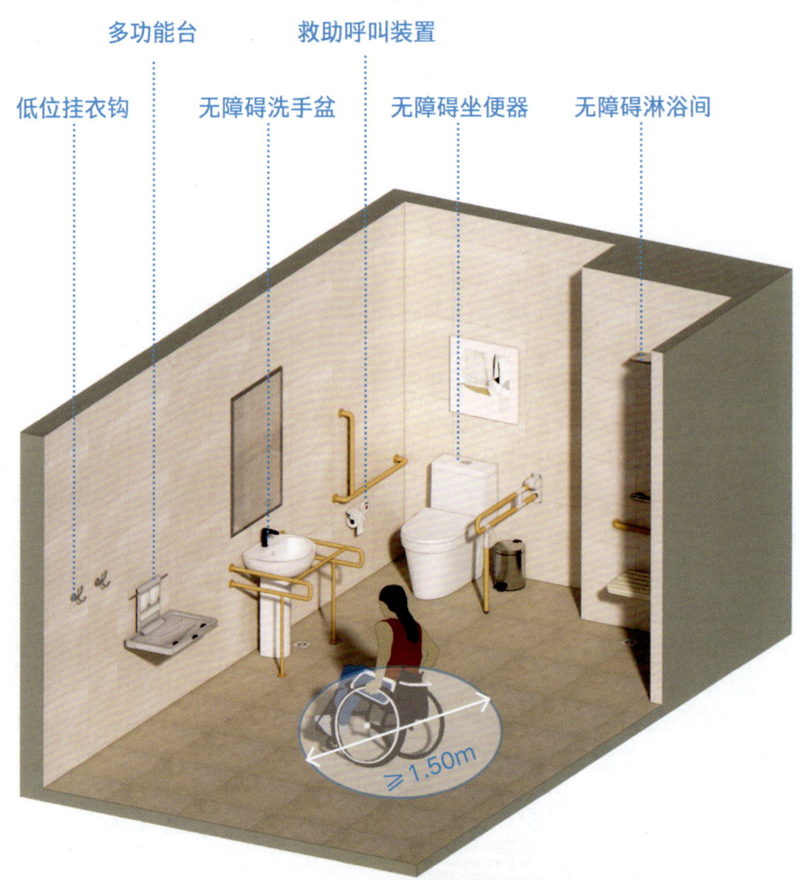

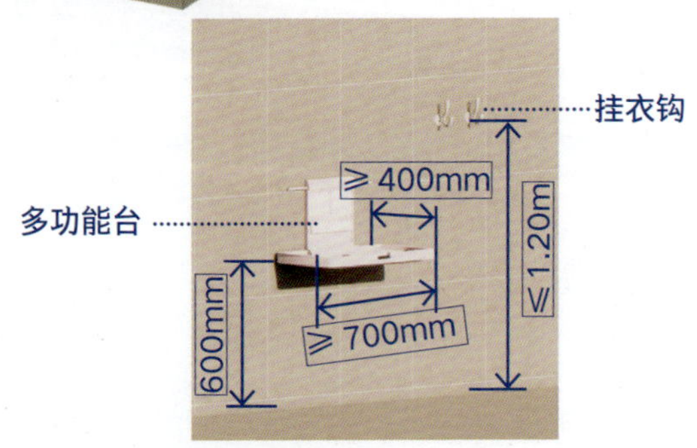

图 1-27 无障碍卫生间示意

1.9.1 无障碍厕所应符合下列规定：

①位置应靠近公共卫生间（厕所），面积不应小于 4.00m^2，内部应留有直径不小于 1.50m 的轮椅回转空间；

②内部应设置无障碍坐便器、无障碍洗手盆、多功能台、低位挂衣钩和救助呼叫装置；

③应设置水平滑动式门或向外开启的平开门。

《建筑与市政工程无障碍通用规范》（GB 55019—2021）3.2.3

1.9.2 无障碍厕所的无障碍设计应符合下列规定：

①当采用平开门时，门扇宜向外开启，如向内开启，需在开启后留有直径不小于 1.50m 的轮椅回转空间，门的通行净宽度不应小于 800mm，平开门应设高 900mm 的横扶把手，在门扇里侧应采用门外可紧急开启的门锁；

②地面应防滑、不积水；

③坐便器应符合本规范第 3.9.2 条（即本手册 2.4.5 条）的有关规定，洗手盆应符合本规范第 3.9.4 条（即本手册 1.9.6 条）的有关规定；（注：本手册结合了两个规范的内容，非完全对应，有差异时以《建筑与市政工程无障碍通用规范》为准。）

④多功能台长度不宜小于 700mm，宽度不宜小于 400mm，高度宜为 600mm；

⑤安全抓杆的设计应符合本规范第 3.9.4 条（即本手册 1.9.3 条）的有关规定；

⑥挂衣钩距地高度不应大于 1.20m；

⑦在坐便器旁的墙面上应设高 400mm~500mm 的救助呼叫按钮；

⑧入口应设置无障碍标志，无障碍标志应符合本规范第 3.16 节（即本手册第 7 章）的有关规定。

《无障碍设计规范》（GB 50763—2012）3.9.3

1.9.3 厕所里的其他无障碍设施应符合下列规定：

①安全抓杆应安装牢固，直径应为 30mm~40mm，内侧距墙不应小于 40mm；

②取纸器应设在坐便器的侧前方，高度为 400mm~500mm。

《无障碍设计规范》（GB 50763—2012）3.9.4

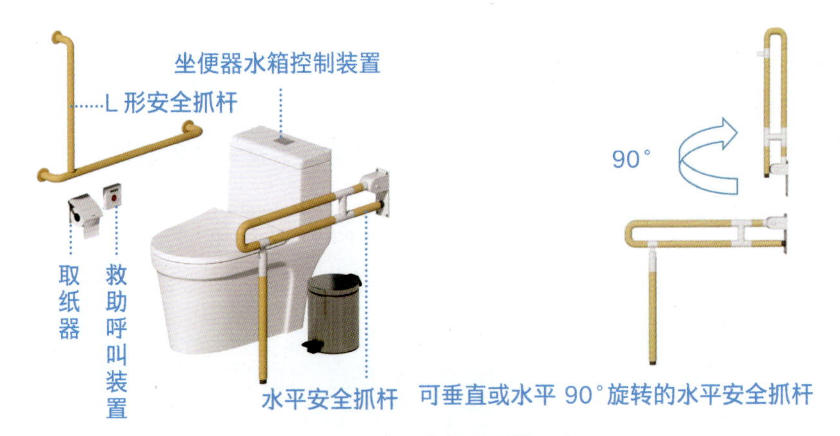

图 1-28 无障碍坐便器配置示意

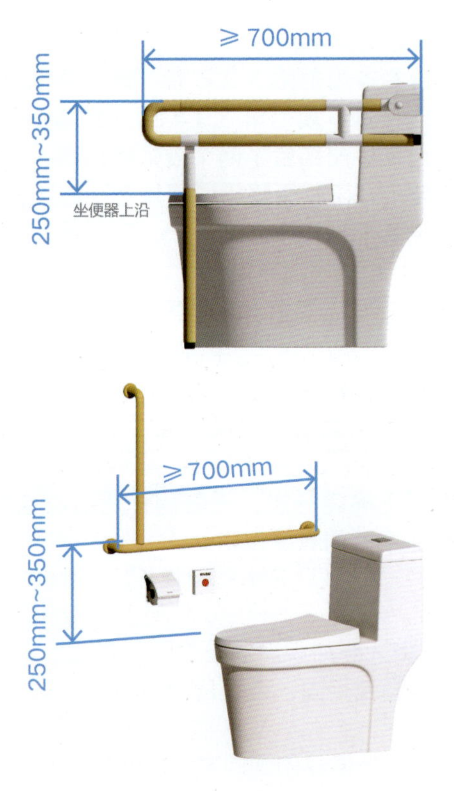

图 1-29 无障碍坐便器尺寸示意

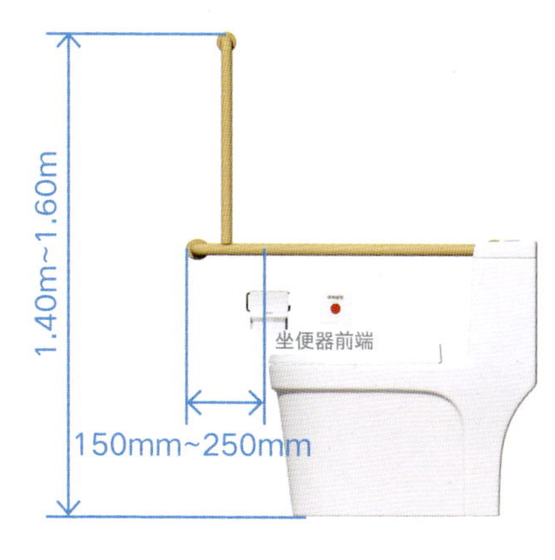

续图 1-29

1.9.4 无障碍坐便器应符合下列规定：

①无障碍坐便器两侧应设置安全抓杆，轮椅接近坐便器一侧应设置可垂直或水平 90°旋转的水平抓杆，另一侧应设置 L 形抓杆；

②轮椅接近无障碍坐便器一侧设置的可垂直或水平 90°旋转的水平安全抓杆距坐便器的上沿高度应为 250mm~350mm，长度不应小于 700mm；

③无障碍坐便器另一侧设置的 L 形安全抓杆，其水平部分距坐便器的上沿高度应为 250mm~350mm，水平部分长度不应小于 700mm; 其竖向部分应设置在距坐便器前端 150mm~250mm 处，竖向部分顶部距地面高度应为 1.40m~1.60m；

④坐便器水箱控制装置应位于易于触及的位置，应可自动操作或单手操作；

⑤取纸器应设在坐便器的侧前方；

⑥在坐便器附近应设置救助呼叫装置，并应满足坐在坐便器上和跌倒在地面的人均能够使用的要求。

《建筑与市政工程无障碍通用规范》（GB 55019—2021）3.1.8

图 1-30 无障碍小便器示意

1.9.5 无障碍小便器应符合下列规定：

①小便器下口距地面高度不应大于 400mm；

②应在小便器两侧设置长度为 550mm 的水平安全抓杆，距地面高度应为 900mm；应在小便器上部设置支撑安全抓杆，距地面高度应为 1.20m。

《建筑与市政工程无障碍通用规范》（GB 55019—2021）3.1.9

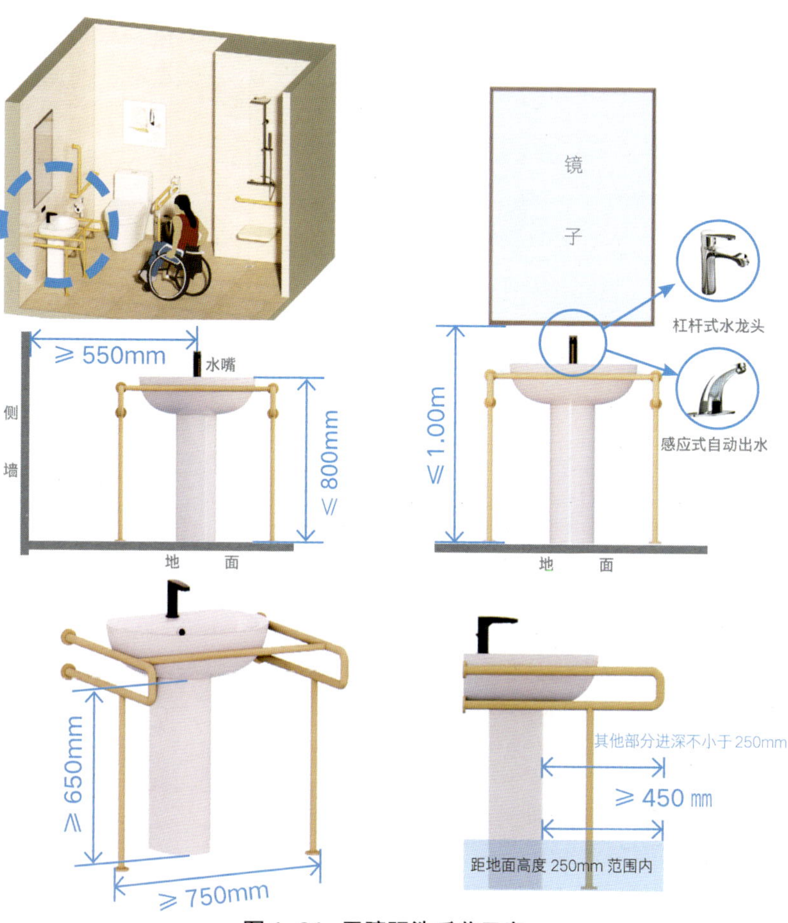

图 1-31 无障碍洗手盆示意

1.9.6 无障碍洗手盆应符合下列规定：

①台面距地面高度不应大于 800mm，水嘴中心距侧墙不应小于 550mm，其下部应留出不小于宽 750mm、高 650mm、距地面高度 250mm 范围内进深不小于 450mm、其他部分进深不小于 250mm 的容膝容脚空间；

②应在洗手盆上方安装镜子，镜子反光面的底端距地面的高度不应大于 1.00m；

③出水龙头应采用杠杆式水龙头或感应式自动出水方式。

《建筑与市政工程无障碍通用规范》（GB 55019—2021）3.1.10

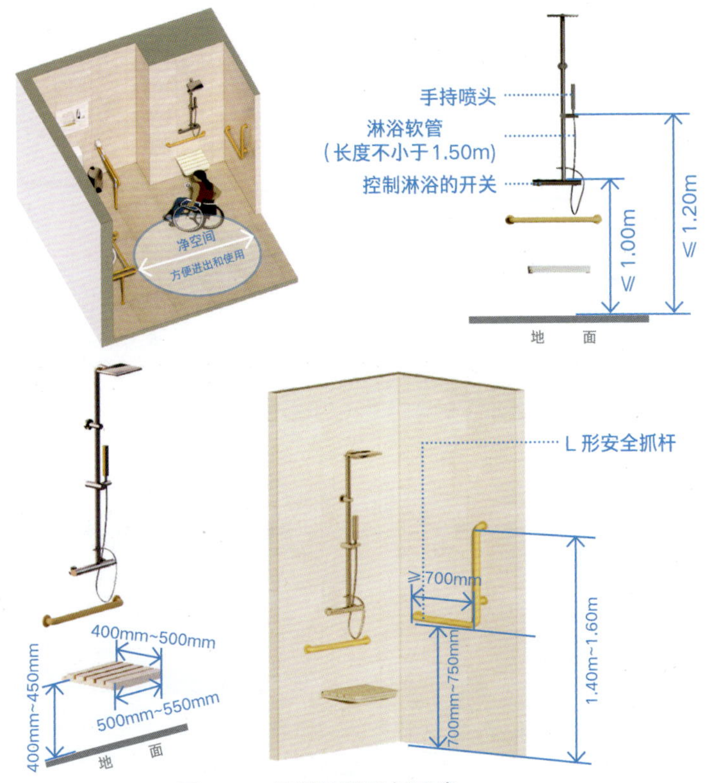

图 1-32 无障碍淋浴间示意

1.9.7 无障碍淋浴间应符合下列规定：

①内部空间应方便乘轮椅者进出和使用；

②淋浴间前应设便于乘轮椅者通行和转动的净空间；

③淋浴间坐台应安装牢固，高度应为 400mm~450mm，深度应为 400mm~500mm，宽度应为 500mm~550mm；

④应设置 L 形安全抓杆，其水平部分距地面高度应为 700mm~750mm，长度不应小于 700mm，其垂直部分应设置在淋浴间坐台前端，顶部距地面高度应为 1.40m~1.60m；

⑤控制淋浴的开关距地面高度不应大于 1.00m；应设置一个手持的喷头，其支架高度距地面高度不应大于 1.20m，淋浴软管长度不应小于 1.50m。

《建筑与市政工程无障碍通用规范》（GB 55019—2021）3.1.11

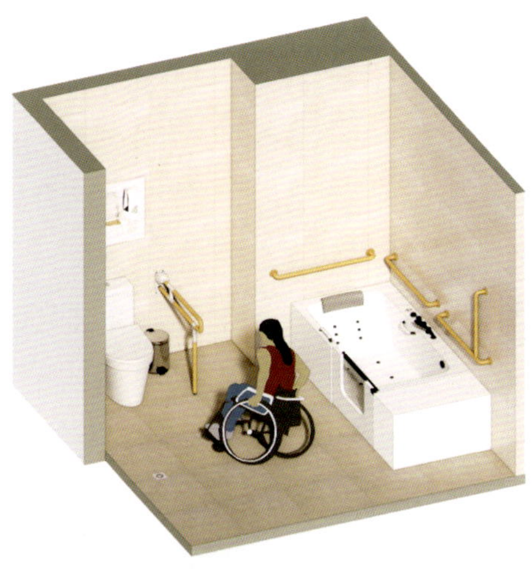

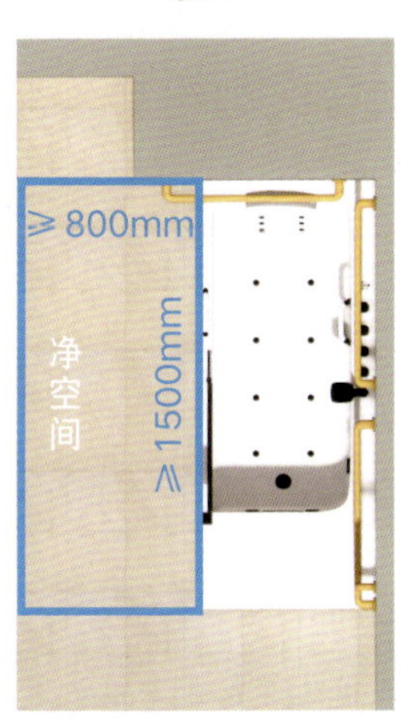

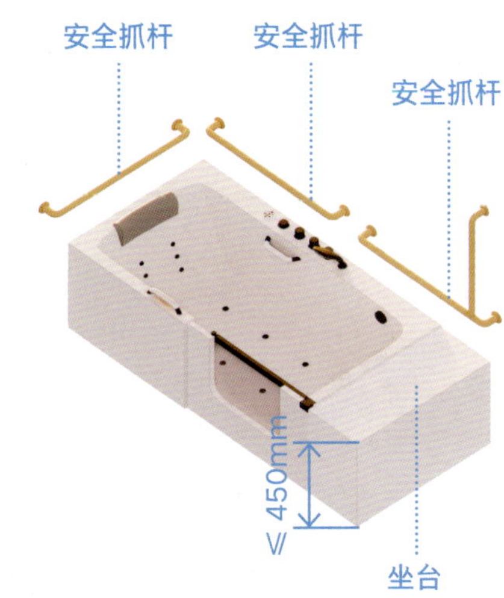

图 1-33 无障碍盆浴间示意

1.9.8 无障碍盆浴间应符合下列规定：

①浴盆侧面应设不小于 1500mm×800mm 的净空间，和浴盆平行的一边的长度不应小于 1.50m；

②浴盆距地面高度不应大于 450mm，在浴盆一端设置方便进入和使用的坐台；

③应沿浴盆长边和洗浴坐台旁设置安全抓杆。

《建筑与市政工程无障碍通用规范》（GB 55019—2021）3.1.12

1.10 无障碍厨房

图 1-34 无障碍厨房示意

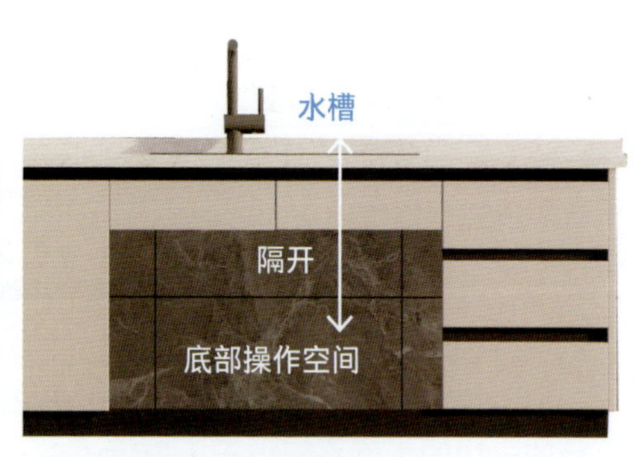

图 1-35 无障碍厨房电器及水槽示意

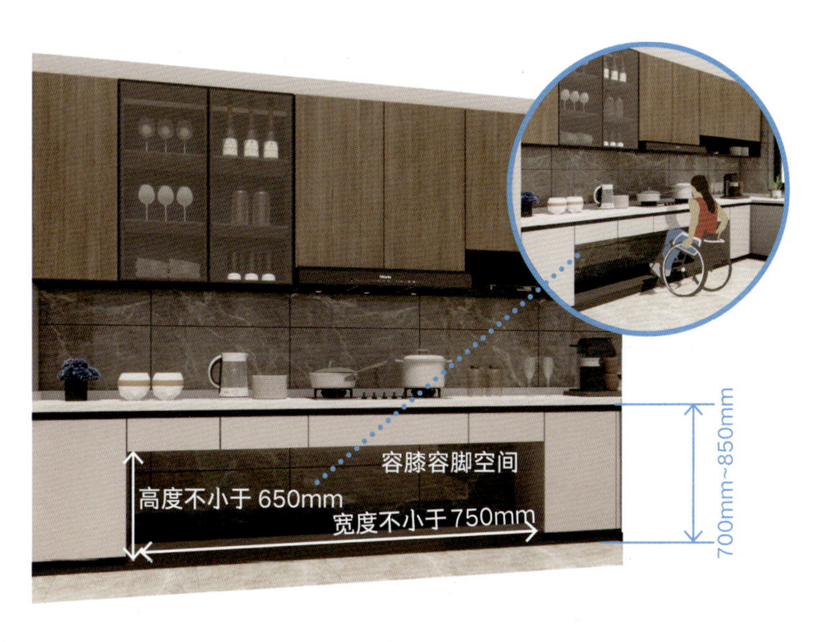

图 1-36 无障碍厨房容膝空间示意

1.10.1 无障碍厨房应符合下列规定：

①厨房设施和电器应方便乘轮椅者靠近和使用；

②操作台面距地面高度应为 700mm~850mm，其下部应留出不小于宽 750mm、高 650mm、距地面高度 250mm 范围内进深不小于 450mm、其他部分进深不小于 250mm 的容膝容脚空间;

③水槽应与工作台底部的操作空间隔开。

《建筑与市政工程无障碍通用规范》（GB 55019—2021）3.1.13

1.11 无障碍客房和无障碍住房、居室

图 1-37 闪光提示门铃

图 1-38 救助呼叫装置

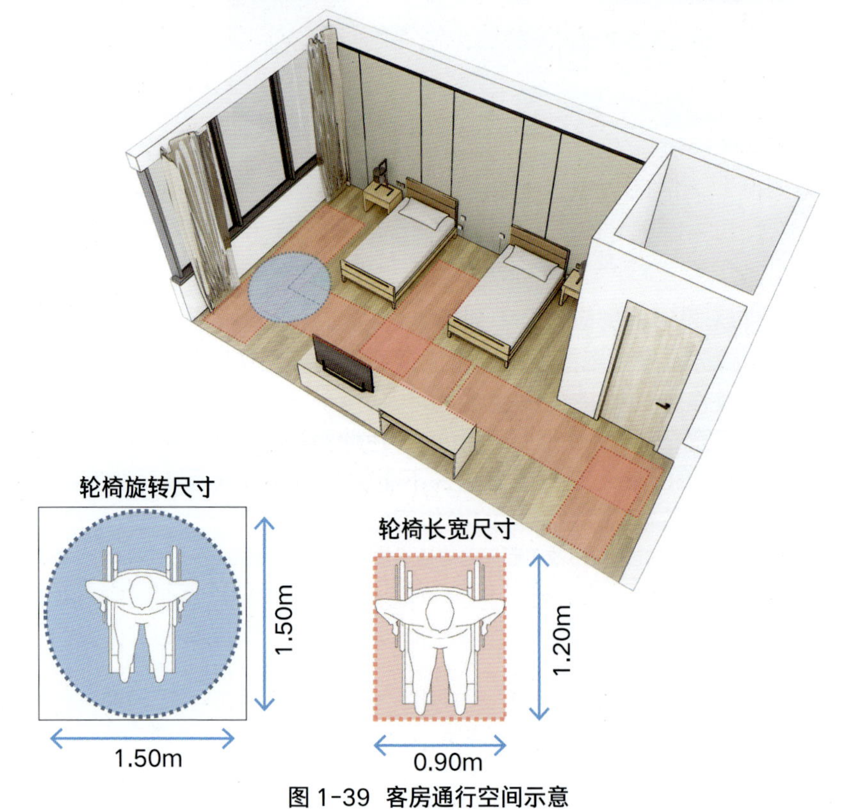

图 1-39 客房通行空间示意

1.11.1 无障碍客房和无障碍住房、居室应设于底层或无障碍电梯可达的楼层，应设在便于到达、疏散和进出的位置，并应与无障碍通道连接。

《建筑与市政工程无障碍通用规范》（GB 55019—2021）3.4.1

1.11.2 人员活动空间应保证轮椅进出，内部应设轮椅回转空间。

《建筑与市政工程无障碍通用规范》（GB 55019—2021）3.4.2

1.11.3 主要人员活动空间应设置救助呼叫装置。

《建筑与市政工程无障碍通用规范》（GB 55019—2021）3.4.3

1.11.4 无障碍客房和无障碍住房、居室内应设置无障碍卫生间，并符合下列规定：

①应保证轮椅进出，内部应设轮椅回转空间；

②内部应设置无障碍坐便器、无障碍洗手盆、无障碍淋浴间或盆浴间、低位挂衣钩、低位毛巾架、低位搁物架和救助呼叫装置；

③应设置水平滑动式门或向外开启的平开门。

《建筑与市政工程无障碍通用规范》（GB 55019—2021）3.4.4

1.11.5 无障碍客房和无障碍住房设置厨房时应为无障碍厨房。

《建筑与市政工程无障碍通用规范》（GB 55019—2021）3.4.5

1.11.6 乘轮椅者上下床用的床侧通道宽度不应小于 1.20m。

《建筑与市政工程无障碍通用规范》（GB 55019—2021）3.4.6

1.11.7 窗户可开启扇的执手或启闭开关距地面高度应为 0.85m~1.00m，手动开关窗户操作所需的力度不应大于 25N。

《建筑与市政工程无障碍通用规范》（GB 55019—2021）3.4.7

1.11.8 无障碍住房的门禁和无障碍客房的门铃应同时满足听觉障碍者、视觉障碍者和言语障碍者使用要求。

《建筑与市政工程无障碍通用规范》（GB 55019—2021）3.4.8

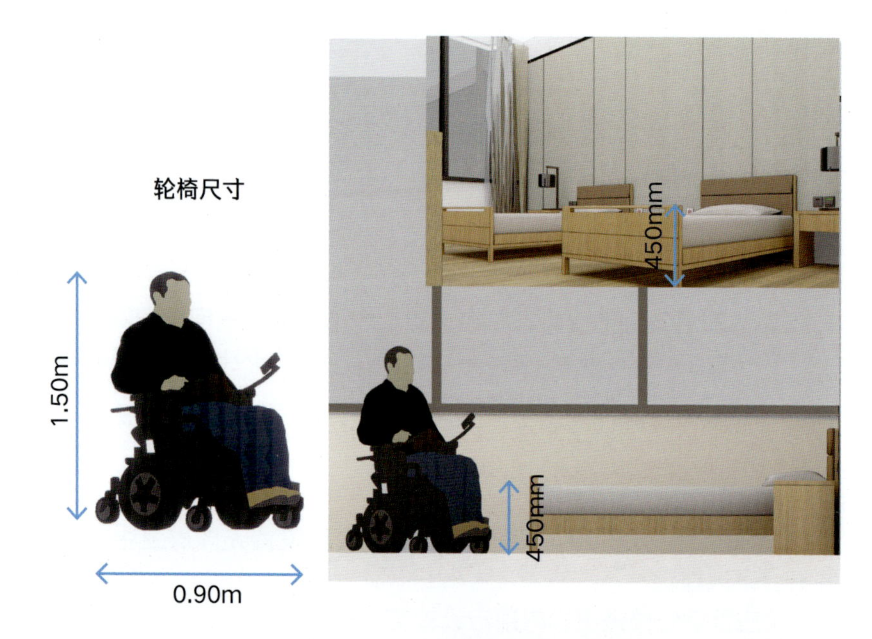

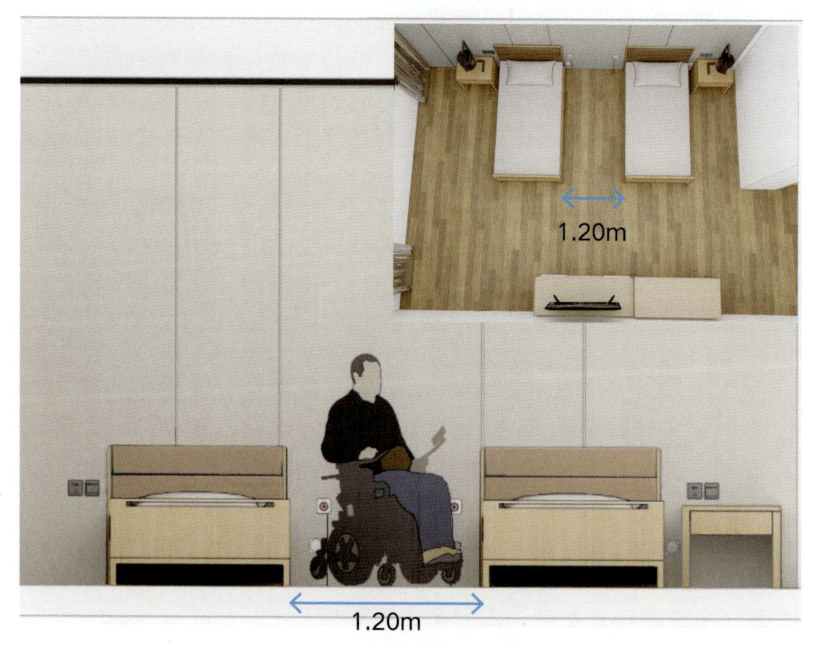

图 1-40 客房尺寸示意

1.11.9 无障碍客房的其他规定：

①家具和电器控制开关的位置和高度应方便乘轮椅者靠近和使用，床的使用高度为 450mm；

②客房及卫生间应设高 400mm~500mm 的救助呼叫按钮。

《无障碍设计规范》（GB 50763—2012）3.11.5

1.11.10 入户门及户内门开启后的净宽应符合本规范第 3.5 节（即本手册 1.5 节）的有关规定。

《无障碍设计规范》（GB 50763—2012）3.12.1

1.11.11 通往卧室、起居室（厅）、厨房、卫生间、储藏室及阳台的通道应为无障碍通道，并按照本规范第 3.8 节（即本手册 1.8 节）的要求在一侧或两侧设置扶手。

《无障碍设计规范》（GB 50763—2012）3.12.2

1.11.12 浴盆、淋浴、坐便器、洗手盆及安全抓杆等应符合本规范第 3.9 节、第 3.10 节（即本手册 1.9 节及 2.4 节）的有关规定。

《无障碍设计规范》（GB 50763—2012）3.12.3

1.11.13 无障碍住房及宿舍的其他规定：

①单人卧室面积不应小于 7.00m^2，双人卧室面积不应小于 10.50m^2，兼起居室的卧室面积不应小于 16.00m^2，起居室面积不应小于 14.00m^2，厨房面积不应小于 6.00m^2；

②设坐便器、洗浴器（浴盆或淋浴）、洗面盆三件卫生洁具的卫生间面积不应小于 4.00m^2，设坐便器、洗浴器二件卫生洁具的卫生间面积不应小于 3.00m^2，设坐便器、洗面盆二件卫生洁具的卫生间面积不应小于 2.50m^2，单设坐便器的卫生间面积不应小于 2.00m^2；

③供乘轮椅者使用的厨房，操作台下方净宽和高度都不应小于 650mm，深度不应小于 250mm；

④居室和卫生间内应设求助呼叫按钮；

⑤家具和电器控制开关的位置和高度应方便乘轮椅者靠近和使用；

⑥供听力障碍者使用的住宅和公寓应安装闪光提示门铃。

《无障碍设计规范》（GB 50763—2012）3.12.4

2
居住区
RESIDENTIAL AREA

2.1 居住区无障碍环境重点设施

表 2-1 居住区无障碍设施一览表

设施名称		无障碍出入口	无障碍通道	缘石坡道	盲道	无障碍楼梯	无障碍电梯	无障碍厕所	公共厕所&厕位	低位服务设施	无障碍停车位	标志	轮椅停留空间	设施数量小计
小区出入口		●	●	●	●							●		5
内部道路			●	●	●							●	●	5
公共绿地		●	●	●	●			●	●				●	7
停车场	地上	●	●	●							●	●		5
	地下					●	●				●	●		4
配套服务设施		●	●			●	●			●				5

注：“●”为规范中应配置的无障碍设施。

图 2-1 小区出入口示意

小区出入口
地上停车位
公共绿地
北侧现状日照三过一四过二
规划路（未建）
新海大道（已建）
规划路（未建）
小区出入口
幼儿园出入口
公共活动场地
18班幼儿园
活动场地
商业
宝山东路（已建）
东城明都
配套服务设施
内部道路

图 2-2 小区平面图示意

表 2-2 各类无障碍设施建设要素

设施名称	要　点	要　素	图文详解
无障碍出入口	出入口样式	平坡出入口	1.2.6
		台阶+轮椅坡道	1.3
		台阶+升降平台	1.4
	入口平台	回转空间	1.2.2
		雨篷	1.2.2
	门	样式	1.5.2
		通行宽度	1.2.3
		回转空间	1.2.5 1.5.7
		门槛高差	1.5.3
		玻璃门	1.5.6
		手动门	1.5.4
		自动门	1.5.5
无障碍通道	—	地面高差	3.10.1
		通道净宽	3.10.2
		门洞净宽	3.10.3
		雨水箅子、井盖	3.10.4
		低矮空间防护	3.10.5
		障碍物	4.2.2
		危险防护	4.2.3
		地面要求	4.2.4
盲道	—	方向辨别	6.8.1
		安全	6.8.1
		障碍物	6.8.2
		提示盲道设置	6.8.3
		提示盲道尺寸	6.8.3
		颜色、材质	6.8.4

续表

设施名称	要　　点	要　　素	图文详解
缘石坡道	—	设置位置	6.7.1
		与车行道高差	6.7.2
		提示盲道	6.7.3
		坡度	6.7.4
		宽度	6.7.5
		过渡空间	6.7.6
		阻车桩	6.7.7
		雨水箅子	6.7.7
无障碍楼梯及台阶	台阶	踏步宽度	1.7.4
		踏步高度	1.7.4
		防滑条	1.7.1
		样式	1.7.1
		提示盲道	1.7.1
		扶手	1.7.2 1.8
	楼梯	踏步宽度	1.7.3
		踏步高度	1.7.3
		防滑条	1.7.1
		样式	1.7.1
		提示盲道	1.7.1
		扶手	1.7.2 1.8
		颜色	1.7.1
		安全阻挡	1.7.3

续表

设施名称	要　　点	要　　素	图文详解
无障碍电梯	电梯厅	回转空间	1.6.1
		低位按钮	1.6.1
		提示盲道	1.6.1
		显示装置	1.6.1
		抵达音响	1.6.1
		盲文标志	1.6.1
	电梯	轿厢尺寸	1.6.2
		通行宽度	1.6.3
		自动门开启时间	1.6.3
		轿厢内扶手	1.6.5
		盲文选层按钮	1.6.5
		显示装置和报层音响	1.6.5
		镜面材质	1.6.5

续表

设施名称	要　点	要　素	图文详解
无障碍厕所	总体要求	面积及回转空间	1.9.1
		配置设施名称	1.9.1
		门	1.9.2
		多功能台	1.9.2
		挂衣钩	1.9.2
		无障碍标志	1.9.2
	坐便器	安全抓杆	1.9.4
		抓杆安装位置	1.9.4
		水箱控制装置	1.9.4
		取纸器	1.9.4
		救助呼叫装置	1.9.4
	小便器	安全抓杆	1.9.5
		抓杆安装位置	1.9.5
		小便器安装位置	1.9.5
	洗手盆	台面高度	1.9.6
		容膝容脚空间	1.9.6
		镜子	1.9.6
		水龙头	1.9.6
公共厕所&厕位	公共厕所	配置设施名称	2.4.1
		回转空间	2.4.1
		门	2.4.2
		地面	2.4.2
		无障碍标志	2.4.2
		布局	2.4.3
	厕位	尺寸	2.4.4
		坐便器	2.4.5
		门	2.4.5

续表

设施名称	要点	要素	图文详解
低位服务设施	—	需设置的服务台	3.13.1
		需设置的设施	3.13.2
		回转空间	3.13.3
		高度	3.13.4
		容腿空间	3.13.4
无障碍标志	无障碍标志	类别	第7章
		醒目、无遮挡	第7章
		系统化	第7章
	盲文标志	类别	第7章
		表示方法	第7章
	信息无障碍	因地制宜	第7章
		布局合理	第7章
无障碍停车位	—	设置位置	2.5.1
		轮椅通道	2.5.2
		地面坡度	2.5.3
		划线及标志	2.5.4
		配置比例	2.5.5
		车道尺寸	2.5.6
		缘石坡道	2.5.2 2.5.6 6.7
轮椅停留空间	—	人行道休息座椅	6.4.4
		绿地及广场休息座椅	2.2.3

2.2 居住绿地

2.2.1 居住绿地的无障碍设计应符合下列规定：

①居住绿地内进行无障碍设计的范围及建筑物类型包括出入口、游步道、体理设施、儿童游乐场、休闲广场、健身运动场、公共厕所等；

②基地地坪坡度不大于 5% 的居住区的居住绿地均应满足无障碍要求，地坪坡度大于 5% 的居住区应至少设置 1 个满足无障碍要求的居住绿地；

③满足无障碍要求的居住绿地，宜靠近设有无障碍住房和宿舍的居住建筑设置，并通过无障碍通道到达。

《无障碍设计规范》（GB 50763—2012）7.2.1

2.2.2 出入口应符合下列规定：

①居住绿地的主要出入口应设置为无障碍出入口；有 3 个以上出入口时，无障碍出入口不应少于 2 个。

②居住绿地内主要活动广场与相接的地面或路面高差小于 300mm 时，所有出入口均应为无障碍出入口。高差大于 300mm 时，出入口少于 3 个，所有出入口均应为无障碍出入口；出入口为 3 个或 3 个以上，应至少设置 2 个无障碍出入口。

③组团绿地、开放式宅间绿地、儿童活动场、健身运动场出入口应设提示盲道。

《无障碍设计规范》（GB 50763—2012）7.2.2

2.2.3 游步道及休憩设施应符合下列规定：

①居住绿地内的游步道应为无障碍通道，轮椅园路纵坡不应大于 4%，轮椅专用道不应大于 8%。

②居住绿地内的游步道及园林建筑、园林小品（如亭、廊、花架等休憩设施）不宜设置高于 450mm 的台明或台阶；必须设置时，应同时设置轮椅坡道并在休憩设施入口处设提示盲道。

③绿地及广场设置休息座椅时，应留有轮椅停留空间。

《无障碍设计规范》（GB 50763—2012）7.2.3

图 2-3　轮椅停留空间示意

2.2.4 活动场地应符合下列规定：

①林下铺装活动场地，以种植乔木为主，林下净空不得低于2.20m；

②儿童活动场地周围不宜种植遮挡视线的树木，保持较好的可通视性，且不宜选用硬质叶片的丛生植物。

《无障碍设计规范》（GB 50763—2012）7.2.4

2.3 配套公共设施

2.3.1 居住区内的居委会、卫生站、健身房、物业管理、会所、社区中心、商业等为居民服务的建筑应设置无障碍出入口。设有电梯的建筑至少应设置 1 部无障碍电梯；未设有电梯的多层建筑，应至少设置 1 部无障碍楼梯。

《无障碍设计规范》（GB 50763—2012）7.3.1

2.3.2 供居民使用的公共厕所应满足本规范第 8.13 节（即本手册 2.4 节）的有关规定。

《无障碍设计规范》（GB 50763—2012）7.3.2

2.3.3 停车场和车库应符合下列规定：

①居住区停车场和车库的总停车位应设置不少于 0.5% 的无障碍机动车停车位；若设有多个停车场和车库，宜每处设置不少于 1 个无障碍机动车停车位。

②地面停车场的无障碍机动车停车位宜靠近停车场的出入口设置。有条件的居住区宜靠近住宅出入口设置无障碍机动车停车位。

③车库的人行出入口应为无障碍出入口。设置在非首层的车库应设无障碍通道与无障碍电梯或无障碍楼梯连通，直达首层。

《无障碍设计规范》（GB 50763—2012）7.3.3

2.4 公共厕所 & 厕位

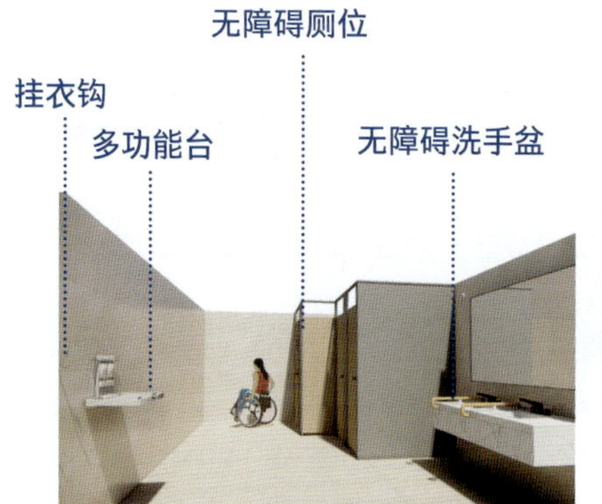

女卫生间（厕所）

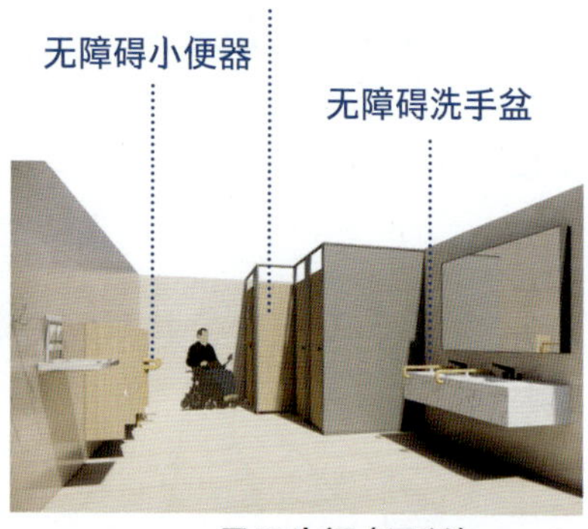

男卫生间（厕所）

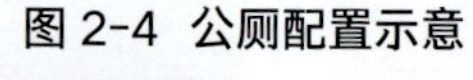

图 2-4 公厕配置示意

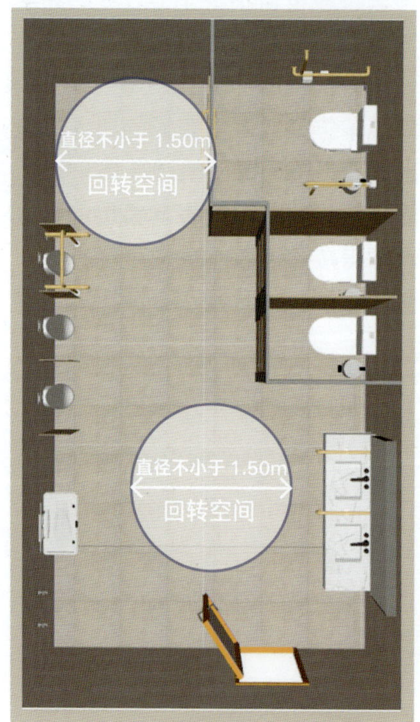

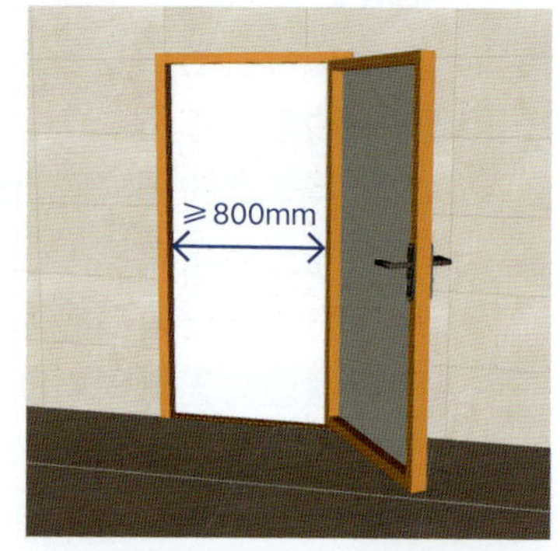

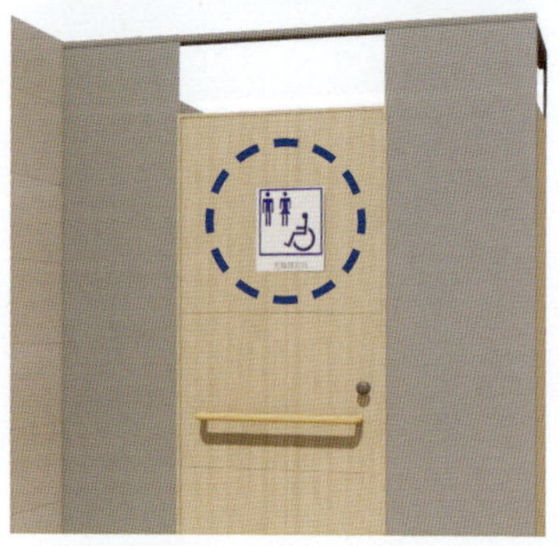

图 2-5 公厕空间尺寸及标志示意

2.4.1 满足无障碍要求的公共卫生间（厕所）应符合下列规定：

①女卫生间（厕所）应设置无障碍厕位和无障碍洗手盆，男卫生间（厕所）应设置无障碍厕位、无障碍小便器和无障碍洗手盆；

②内部应留有直径不小于 1.50m 的轮椅回转空间。

《建筑与市政工程无障碍通用规范》（GB 55019—2021）3.2.1

2.4.2 公共厕所的无障碍设计应符合下列规定：

①门应方便开启，通行净宽度不应小于 800mm；

②地面应防滑、不积水；

③无障碍厕位应设置无障碍标志，无障碍标志应符合本规范第 3.16 节（即本手册第 7 章）的有关规定。

《无障碍设计规范》（GB 50763—2012）3.9.1

2.4.3 公共建筑中的男、女公共卫生间（厕所），每层应至少分别设置 1 个满足无障碍要求的公共卫生间（厕所），或在男、女公共卫生间（厕所）附近至少设置 1 个独立的无障碍厕所。

《建筑与市政工程无障碍通用规范》（GB 55019—2021）3.2.4

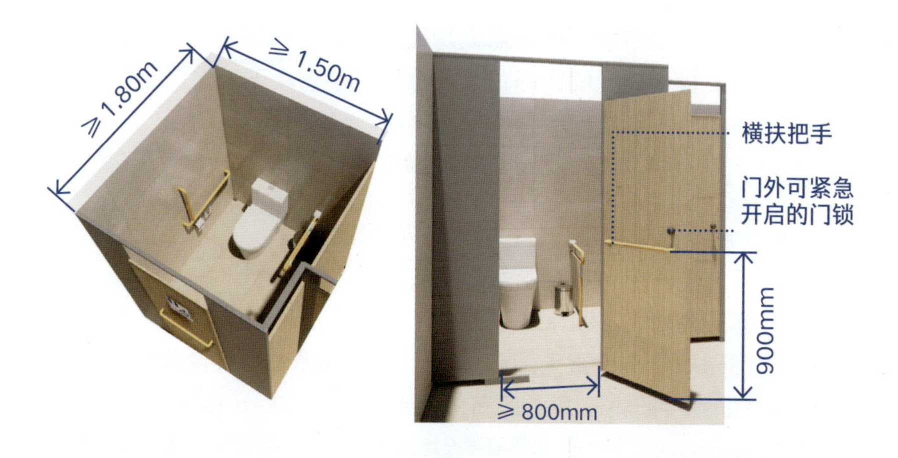

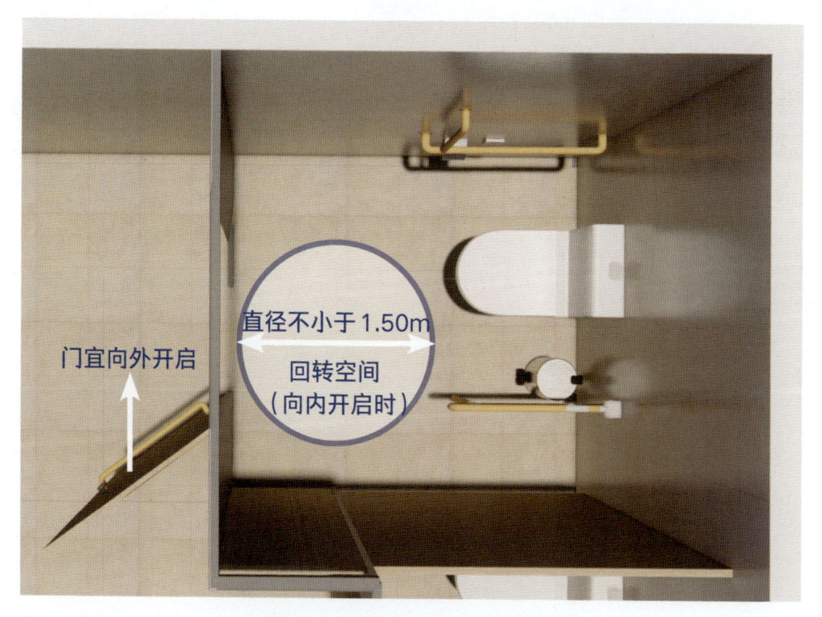

图 2-6 厕位空间及尺寸示意

2.4.4 无障碍厕位应符合下列规定：

①应方便乘轮椅者到达和进出，尺寸不应小于1.80m×1.50m;

② 如采用向内开启的平开门，应在开启后厕位内留有直径不小于1.50m的轮椅回转空间，并应采用门外可紧急开启的门闩；

③应设置无障碍坐便器。

《建筑与市政工程无障碍通用规范》（GB 55019—2021）3.2.2

2.4.5 无障碍厕位应符合下列规定：

①无障碍厕位的门宜向外开启，如向内开启，需在开启后厕位内留有直径不小于1.50m的轮椅回转空间，门的通行净宽不应小于800mm，平开门外侧应设高900mm的横扶把手，在关闭的门扇里侧设高900mm的关门拉手，并应采用门外可紧急开启的插销；

②厕位内应设坐便器，厕位两侧距地面700mm处应设长度不小于700mm的水平安全抓杆，另一侧应设高1.40m的垂直安全抓杆。

《无障碍设计规范》（GB 50763—2012）3.9.2

2.5 无障碍机动车停车位和上 / 落客区

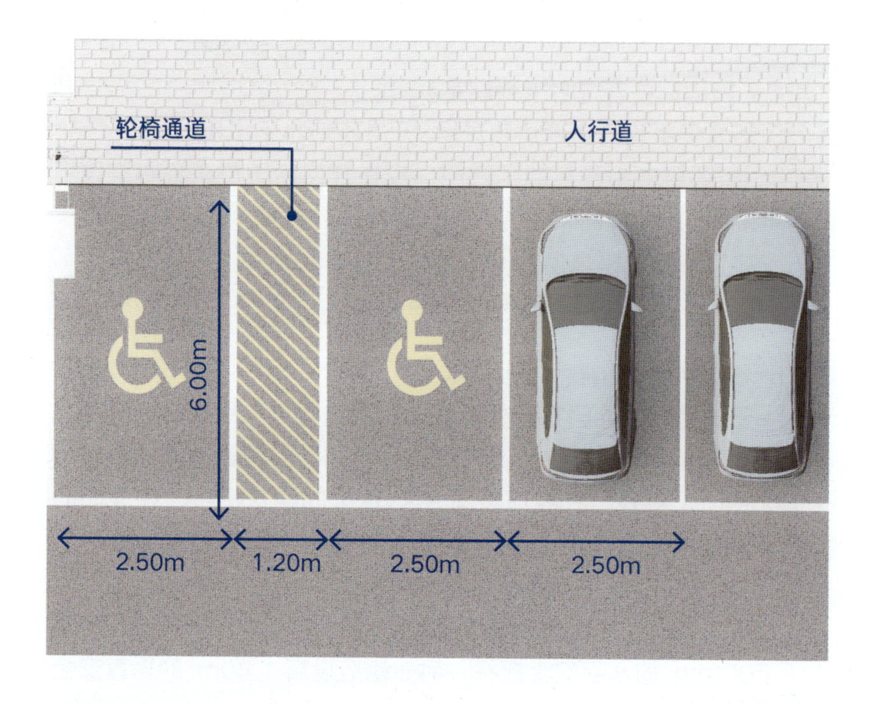

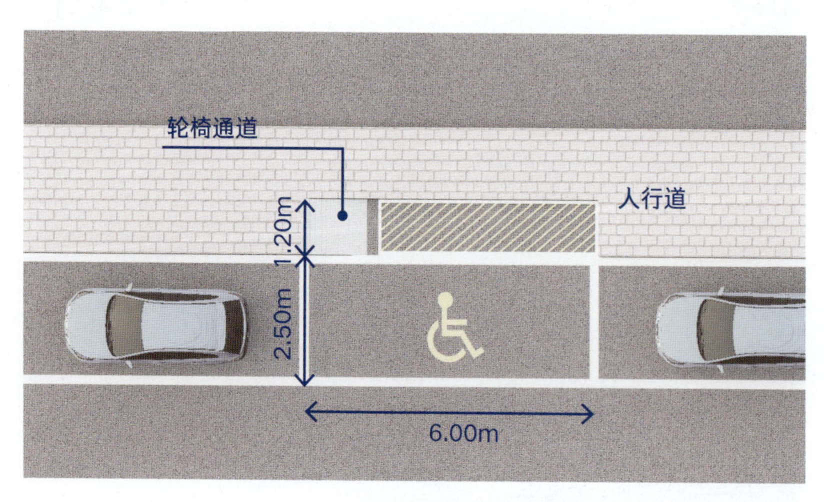

图 2-7 停车位空间及尺寸示意

2.5.1 应将通行方便、路线短的停车位设为无障碍机动车停车位。

《建筑与市政工程无障碍通用规范》（GB 55019—2021）2.9.1

2.5.2 无障碍机动车停车位一侧应设宽度不小于 1.20m 的轮椅通道。轮椅通道与其所服务的停车位不应有高差，和人行通道有高差处应设置缘石坡道，且应与无障碍通道衔接。

《建筑与市政工程无障碍通用规范》（GB 55019—2021）2.9.2

2.5.3 无障碍机动车停车位的地面坡度不应大于 1 ∶ 50。

《建筑与市政工程无障碍通用规范》（GB 55019—2021）2.9.3

2.5.4 无障碍机动车停车位的地面应设置停车线、轮椅通道线和无障碍标志，并应设置引导标志。

《建筑与市政工程无障碍通用规范》（GB 55019—2021）2.9.4

2.5.5 总停车数在 100 辆以下时应至少设置 1 个无障碍机动车停车位，100 辆以上时应设置不少于总停车数 1%的无障碍机动车停车位；城市广场、公共绿地、城市道路等场所的停车位应设置不少于总停车数 2%的无障碍机动车停车位。

《建筑与市政工程无障碍通用规范》（GB 55019—2021）2.9.5

2.5.6 无障碍小汽（客）车上客和落客区的尺寸不应小于 2.40m×7.00m，和人行通道有高差处应设置缘石坡道，且应与无障碍通道衔接。

《建筑与市政工程无障碍通用规范》（GB 55019—2021）2.9.6

2.6 居住区道路

2.6.1 居住区道路进行无障碍设计的范围应包括居住区路、小区路、组团路、宅间小路的人行道。

《无障碍设计规范》（GB 50763—2012）7.1.1

2.6.2 居住区级道路无障碍设计应符合本规范第 4 章（即本手册 6.1 节 ~6.6 节）的有关规定。

《无障碍设计规范》（GB 50763—2012）7.1.2

出件
06 综合咨询

3 公共建筑

PUBLIC BUILDING

3.1 公共建筑无障碍环境重点设施

表 3-1 公共建筑无障碍设施一览表

建筑类型		无障碍出入口	无障碍通道	无障碍楼梯	无障碍电梯	无障碍车位	低位服务设施	标志导视	无障碍休息区	轮椅席位	轮椅停留空间	扶手	无障碍厕所	公共厕所&厕位	无障碍淋浴间	无障碍盆浴间	无障碍厨房	无障碍客房	公共浴室&更衣室	无障碍信息交流	盲道	设施数量小计
办公、科研、司法建筑	有公共服务	●	●	●	●	●	●	●	●	●	●	●	●	●						●		14
	其他	●			●	●	●	●		●		●		●						●		9
教育建筑		●	●	●	●	●	●	●		●		●	●	●						●		12
医疗康复建筑		●	●	●	●	●	●	●	●		●	●	●	●	●	●			●	●		16
福利及特殊服务建筑		●	●	●	●	●	●	●	●		●	●	●	●	●	●	●	●	●	●		18
体育建筑		●	●	●	●	●	●	●	●	●		●	●	●	●				●	●		15
文化建筑		●	●	●	●	●	●	●	●	●		●	●	●						●	●*	14
商业服务建筑		●	●	●	●	●	●	●				●	●	●				●		●		12

注：“●”为规范中应配置的无障碍设施；

“●*”表示需设置盲人专用图书室（角）。

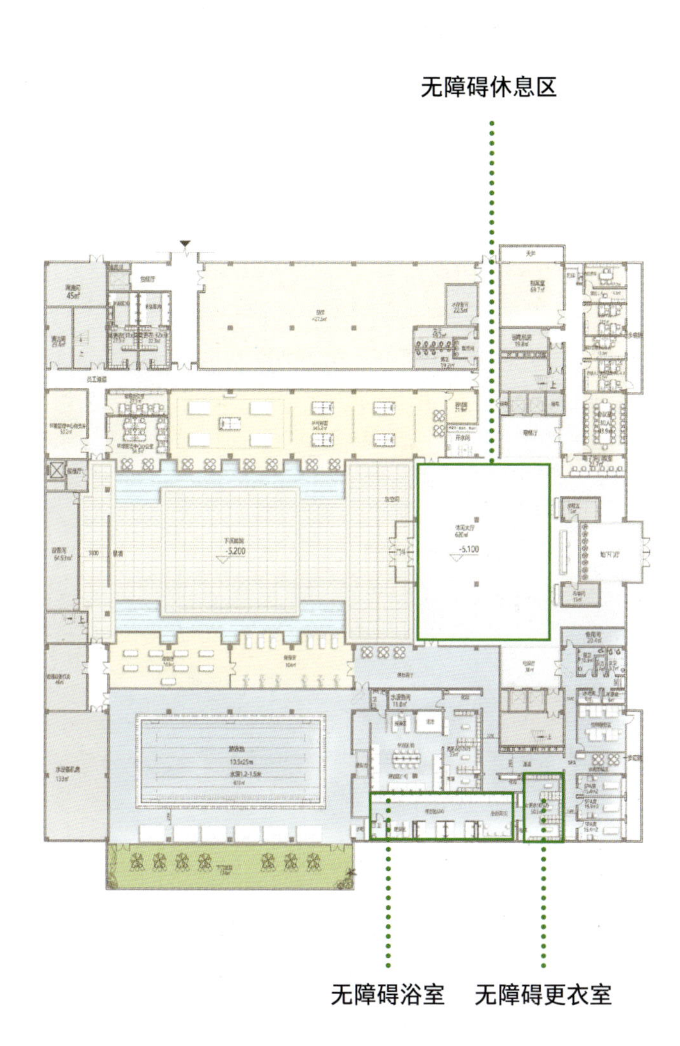

图 3-1 公共建筑无障碍设施平面布局图示意

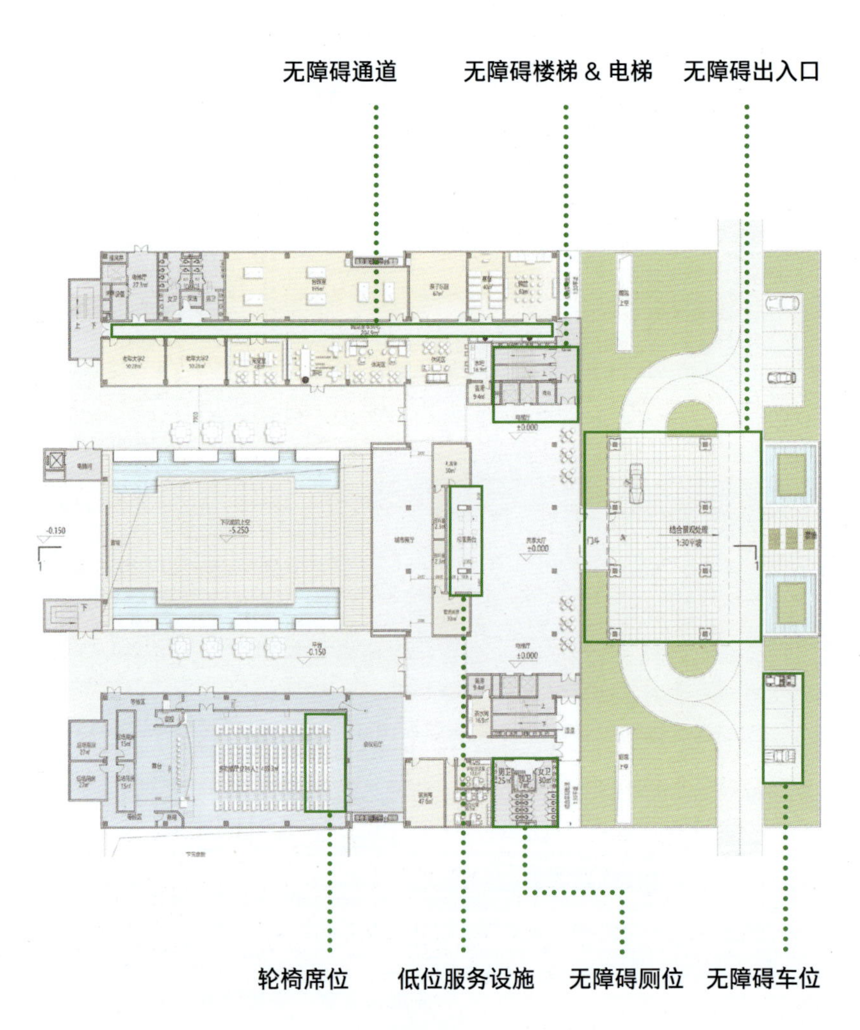

续图 3-1

表 3-2 各类无障碍设施建设要素

设施名称	要　　点	要　　素	图文详解
无障碍出入口	出入口样式	平坡出入口	1.2.6
		台阶+轮椅坡道	1.3
		台阶+升降平台	1.4
	入口平台	回转空间	1.2.2
		雨篷	1.2.2
	门	样式	1.5.2
		通行宽度	1.2.3
		回转空间	1.2.5 1.5.7
		门槛高差	1.5.3
		玻璃门	1.5.6
		手动门	1.5.4
		自动门	1.5.5
无障碍通道	—	地面高差	3.10.1
		通道净宽	3.10.2
		门洞净宽	3.10.3
		雨水箅子、井盖	3.10.4
		低矮空间防护	3.10.5
		障碍物	4.2.2
		危险防护	4.2.3
		地面要求	4.2.4

续表

设施名称	要　点	要　素	图文详解
无障碍楼梯及台阶	台阶	踏步宽度	1.7.4
		踏步高度	1.7.4
		防滑条	1.7.1
		样式	1.7.1
		提示盲道	1.7.1
		扶手	1.7.2 1.8
	楼梯	踏步宽度	1.7.3
		踏步高度	1.7.3
		防滑条	1.7.1
		样式	1.7.1
		提示盲道	1.7.1
		扶手	1.7.2 1.8
		颜色	1.7.1
		安全阻挡	1.7.3

续表

设施名称	要　点	要　素	图文详解
无障碍电梯	电梯厅	回转空间	1.6.1
		低位按钮	1.6.1
		提示盲道	1.6.1
		显示装置	1.6.1
		抵达音响	1.6.1
		盲文标志	1.6.1
	电梯	轿厢尺寸	1.6.2
		通行宽度	1.6.3
		自动门开启时间	1.6.3
		轿厢内扶手	1.6.5
		盲文选层按钮	1.6.5
		显示装置和报层音响	1.6.5
		镜面材质	1.6.5

续表

设施名称	要　点	要　素	图文详解
低位服务设施	—	需设置的服务台	3.13.1
		需设置的设施	3.13.2
		回转空间	3.13.3
		高度	3.13.4
		容腿空间	3.13.4
无障碍标志	无障碍标志	类别	第7章
		醒目、无遮挡	第7章
		系统化	第7章
	盲文标志	类别	第7章
		表示方法	第7章
	信息无障碍	因地制宜	第7章
		布局合理	第7章
无障碍停车位	—	设置位置	2.5.1
		轮椅通道	2.5.2
		地面坡度	2.5.3
		划线及标志	2.5.4
		配置比例	2.5.5
		车道尺寸	2.5.6
		缘石坡道	2.5.2 2.5.6 6.7

续表

设施名称	要　　点	要　　素	图文详解
轮椅停留空间	—	人行道休息座椅	6.4.4
		绿地及广场休息座椅	2.2.3
轮椅席位	—	视线遮挡	3.12.1
		设置位置	3.12.2
		功能区连接	3.12.3
		尺寸	3.12.4
		配置比例	3.12.4
		陪护席位	3.12.4
		地面坡度	3.12.4
扶手	—	高度	1.8.1
		连续设置	1.8.2
		起点、终点延伸	1.8.3
		墙面净距离	1.8.4
		颜色	1.8.5
		截面尺寸	1.8.6
		材质	1.8.7
盲道	—	方向辨别	6.8.1
		安全	6.8.1
		障碍物	6.8.2
		提示盲道设置	6.8.3
		提示盲道尺寸	6.8.3
		颜色、材质	6.8.4

续表

设施名称	要　点	要　素	图文详解
无障碍厕所	总体要求	面积及回转空间	1.9.1
		配置设施名称	1.9.1
		门	1.9.2
		多功能台	1.9.2
		挂衣钩	1.9.2
		无障碍标志	1.9.2
	坐便器	安全抓杆	1.9.4
		抓杆安装位置	1.9.4
		水箱控制装置	1.9.4
		取纸器	1.9.4
		救助呼叫装置	1.9.4
	小便器	安全抓杆	1.9.5
		抓杆安装位置	1.9.5
		小便器安装位置	1.9.5
	洗手盆	台面高度	1.9.6
		容膝容脚空间	1.9.6
		镜子	1.9.6
		水龙头	1.9.6

续表

设施名称	要　　点	要　　素	图文详解
公共厕所&厕位	公共厕所	配置设施名称	2.4.1
		回转空间	2.4.1
		门	2.4.2
		地面	2.4.2
		无障碍标志	2.4.2
		布局	2.4.3
	厕位	尺寸	2.4.4
		坐便器	2.4.5
		门	2.4.5
无障碍淋浴间	—	内部空间	1.9.7
		外部回转空间	1.9.7
		坐台	1.9.7
		安全抓杆	1.9.7
		开关	1.9.7
无障碍盆浴间	—	外部空间	1.9.8
		浴盆高度	1.9.8
		坐台	1.9.8
		安全抓杆	1.9.8
无障碍厨房	—	电器高度	1.10.1
		台面高度	1.10.1
		容膝容脚空间	1.10.1
		分体水槽	1.10.1

续表

设施名称	要　点	要　素	图文详解
公共浴室&更衣室	公共浴室	功能配置	3.11.1
		空间尺寸	3.11.1
		门帘	3.11.1
	更衣室	回转空间	3.11.2
		座椅高度	3.11.2
无障碍住房居室宿舍	—	在建筑物中位置	1.11.1
		回转空间	1.11.2
		交通空间	1.11.11
		救助呼叫装置	1.11.3
		卫生间	1.11.4 1.11.12 1.11.13
		厨房	1.11.5 1.11.13
		床侧通道	1.11.6
		窗户开关	1.11.7
		门铃	1.11.8
		家具、电器	1.11.9
		门	1.11.10
		卧室面积	1.11.13
		起居室面积	1.11.13

续表

设施名称	要　　点	要　　素	图文详解
无障碍信息交流	—	标志指引	3.14.1
		视线遮挡	3.14.2
		布置点	3.14.3
		安全警示布置	3.14.4
		文字信息辅助	3.14.5
		听觉信息辅助	3.14.6
		低位电话	3.14.7
		低位终端	3.14.7
		低位计算机	3.14.7

3.2 公共建筑一般规定

3.2.1 公共建筑基地的无障碍设计应符合下列规定：

①建筑基地的车行道与人行通道地面有高差时，在人行通道的路口及人行横道的两端应设缘石坡道；

②建筑基地的广场和人行通道的地面应平整、防滑、不积水；

③建筑基地的主要人行通道当有高差或台阶时应设置轮椅坡道或无障碍电梯。

《无障碍设计规范》（GB 50763—2012）8.1.1

3.2.2 建筑基地内总停车数在 100 辆以下时应设置不少于 1 个无障碍机动车停车位，100 辆以上时应设置不少于总停车数 1% 的无障碍机动车停车位。

《无障碍设计规范》（GB 50763—2012）8.1.2

3.2.3 公共建筑的主要出入口宜设置坡度小于 1 ∶ 30 的平坡出入口。

《无障碍设计规范》（GB 50763—2012）8.1.3

3.2.4 公共建筑内设有电梯时，至少应设置 1 部无障碍电梯。

《建筑与市政工程无障碍通用规范》（GB 55019—2021）2.6.4

3.2.5 当设有各种服务窗口、售票窗口、公共电话台、饮水器等时应设置低位服务设施。

《无障碍设计规范》（GB 50763—2012）8.1.5

3.2.6 主要出入口、建筑出入口、通道、停车位、厕所电梯等无障碍设施的位置，应设置无障碍标志，无障碍标志应符合本规范第 3.16 节（即本手册第 7 章）的有关规定；建筑物出入口和楼梯前室宜设楼面示意图，在重要信息提示处宜设电子显示屏。

《无障碍设计规范》（GB 50763—2012）8.1.6

3.2.7 公共建筑的无障碍设施应成系统设计，并宜相互靠近。

《无障碍设计规范》（GB 50763—2012）8.1.7

3.3 办公、科研、司法建筑

3.3.1 办公、科研、司法建筑进行无障碍设计的范围包括政府办公建筑、司法办公建筑、企事业办公建筑、各类科研建筑、社区办公及其他办公建筑等。

《无障碍设计规范》（GB 50763—2012）8.2.1

3.3.2 为公众办理业务与信访接待的办公建筑的无障碍设施应符合下列规定：

①建筑的主要出入口应为无障碍出入口；

②建筑出入口大厅、休息厅、贵宾休息室、疏散大厅等人员聚集场所有高差或台阶时应设轮椅坡道，宜提供休息座椅和可以放置轮椅的无障碍休息区；

③公众通行的室内走道应为无障碍通道，走道长度大于60.00m 时，宜设休息区，休息区应避开行走路线；

④供公众使用的楼梯宜为无障碍楼梯；

⑤供公众使用的男、女公共厕所均应满足本规范第 3.9.1 条（即本手册 2.4.2 条）的有关规定或在男、女公共厕所附近设置 1 个无障碍厕所，且建筑内至少应设置 1 个无障碍厕所，内部办公人员使用的男、女公共厕所至少应各有 1 个满足本规范第 3.9.1 条（即本手册 2.4.2 条）的有关规定或在男、女公共厕所附近设置 1 个无障碍厕所；

⑥法庭、审判庭及为公众服务的会议及报告厅等的公众座席座位数为 300 座及以下时应至少设置 1 个轮椅席位，300 座以上时设置不应少于 0.2% 且不少于 2 个轮椅席位。

《无障碍设计规范》（GB 50763—2012）8.2.2

3.3.3 其他办公建筑的无障碍设施应符合下列规定：

①建筑物至少应有 1 处无障碍出入口，且宜位于主要出入口处；

②男、女公共厕所至少各有 1 处应满足本规范第 3.9.1 条（即本手册 2.4.2 条）或第 3.9.2 条（即本手册 2.4.5 条）的有关规定；

③多功能厅、报告厅等至少应设置 1 个轮椅座席。

《无障碍设计规范》（GB 50763—2012）8.2.3

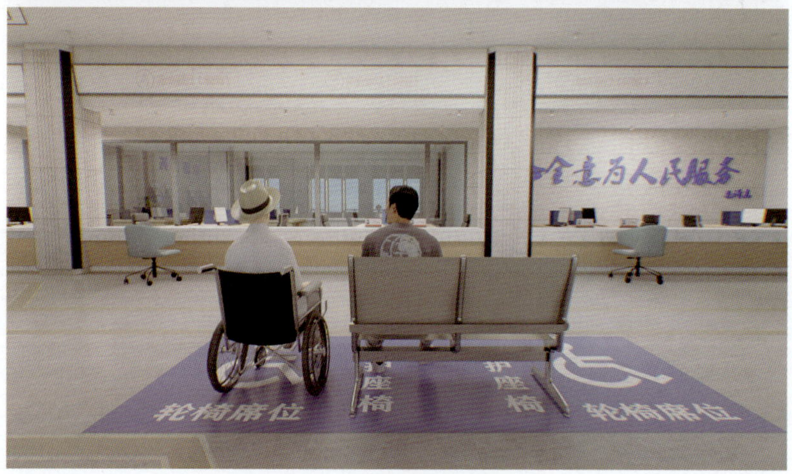

图 3-2 无障碍休息区示意

3.4 教育建筑

3.4.1 教育建筑进行无障碍设计的范围应包括托儿所、幼儿园建筑、中小学建筑、高等院校建筑、职业教育建筑、特殊教育建筑等。

《无障碍设计规范》（GB 50763—2012）8.3.1

3.4.2 教育建筑的无障碍设施应符合下列规定：

①凡教师、学生和婴幼儿使用的建筑物主要出入口应为无障碍出入口，宜设置为平坡出入口；

②主要教学用房应至少设置 1 部无障碍楼梯；

③公共厕所至少有 1 处应满足本规范第 3.9.1 条（即本手册 2.4.2 条）的有关规定。

《无障碍设计规范》（GB 50763—2012）8.3.2

3.4.3 接收残疾生源的教育建筑的无障碍设施应符合下列规定：

①主要教学用房每层至少有 1 处公共厕所应满足本规范第 3.9.1 条（即本手册 2.4.2 条）的有关规定；

②合班教室、报告厅以及剧场等应设置不少于 2 个轮椅座席，服务报告厅的公共厕所应满足本规范第 3.9.1 条（即本手册 2.4.2 条）的有关规定或设置无障碍厕所；

③有固定座位的教室、阅览室、实验教室等教学用房，应在靠近出入口处预留轮椅回转空间。

《无障碍设计规范》（GB 50763—2012）8.3.3

3.4.4 视力、听力、言语、智力残障学校设计应符合现行行业标准《特殊教育学校建筑设计标准》JGJ 76 的有关要求。

《无障碍设计规范》（GB 50763—2012）8.3.4

3.5 医疗康复建筑

3.5.1 医疗康复建筑进行无障碍设计的范围应包括综合医院、专科医院、疗养院、康复中心、急救中心和其他所有与医疗、康复有关的建筑物。

《无障碍设计规范》（GB 50763—2012）8.4.1

3.5.2 医疗康复建筑中，凡病人、康复人员使用的建筑的无障碍设施应符合下列规定：

①室外通行的步行道应满足本规范第 3.5 节（即本手册 3.10 节）有关规定的要求；

②院区室外的休息座椅旁，应留有轮椅停留空间；

③主要出入口应为无障碍出入口，宜设置为平坡出入口；

④室内通道应设置无障碍通道，净宽不应小于 1.80m，并按照本规范第 3.8 节（即本手册 1.8 节）的要求设置扶手；

⑤门应符合本规范第 3.5 节（即本手册 1.5.10 条）的要求；

⑥同一建筑内应至少设置 1 部无障碍楼梯；

⑦建筑内设有电梯时，每组电梯应至少设置 1 部无障碍电梯；

⑧首层应至少设置 1 处无障碍厕所，各楼层至少有 1 处公共厕所应满足本规范第 3.9.1 条（即本手册 2.4.2 条）的有关规定或设置无障碍厕所，病房内的厕所应设置安全抓杆并符合本规范第 3.9.4 条（即本手册 1.9.3 条）的有关规定；

⑨儿童医院的门、急诊部和医技部，每层宜设置至少 1 处母婴室，并靠近公共厕所；

⑩诊区和病区的护士站、公共电话台、查询处、饮水器、自助售货处、服务台等应设置低位服务设施；

⑪ 无障碍设施应设符合我国国家标准的无障碍标志，在康复建筑的院区主要出入口处宜设置盲文地图或供视觉障碍者使用的语音导医系统和提示系统、供听力障碍者需要的手语服务及文字提示导医系统。

《无障碍设计规范》（GB 50763—2012）8.4.2

3.5.3 门、急诊部的无障碍设施还应符合下列规定：

①挂号、收费、取药处应设置文字显示器以及语言广播装置和低位服务台或窗口；

②候诊区应设轮椅停留空间。

《无障碍设计规范》（GB 50763—2012）8.4.3

3.5.4 医技部的无障碍设施应符合下列规定：

①病人更衣室内应留有直径不小于 1.50m 的轮椅回转空间，部分更衣箱高度应小于 1.40m；

②等候区应留有轮椅停留空间，取报告处宜设文字显示器和语音提示装置。

《无障碍设计规范》（GB 50763—2012）8.4.4

3.5.5 住院部病人活动室墙面四周扶手的设置应满足本规范第 3.8 节（即本手册 1.8.6 条、1.8.7 条）的有关规定。

《无障碍设计规范》（GB 50763—2012）8.4.5

3.5.6 理疗用房应根据治疗要求设置扶手，并满足本规范第 3.8 节（即本手册 1.8.6 条、1.8.7 条）的有关规定。

《无障碍设计规范》（GB 50763—2012）8.4.6

3.5.7 办公、科研、餐厅、食堂、太平间用房的主要出入口应为无障碍出入口。

《无障碍设计规范》（GB 50763—2012）8.4.7

3.6 福利及特殊服务建筑

3.6.1 福利及特殊服务建筑进行无障碍设计的范围应包括福利院、敬（安、养）老院、老年护理院、老年住宅、残疾人综合服务设施、残疾人托养中心、残疾人体训中心及其他残疾人集中或使用频率较高的建筑等。

《无障碍设计规范》（GB 50763—2012）8.5.1

3.6.2 福利及特殊服务建筑的无障碍设施应符合下列规定：

①室外通行的步行道应满足本规范第 3.5 节（即本手册 3.10 节）有关规定的要求；

②室外院区的休息座椅旁应留有轮椅停留空间；

③建筑物首层主要出入口应为无障碍出入口，宜设置为平坡出入口，主要出入口设置台阶时，台阶两侧宜设置扶手；

④建筑出入口大厅、休息厅等人员聚集场所宜提供休息座椅和可以放置轮椅的无障碍休息区；

⑤公共区域的室内通道应为无障碍通道，走道两侧墙面应设置扶手，并满足本规范 3.8 节（即本手册 1.8.6 条、1.8.7 条）的有关规定，室外的连通走道应选用平整、坚固、耐磨、不光滑的材料并宜设防风避雨设施；

⑥楼梯应为无障碍楼梯；

⑦电梯应为无障碍电梯；

⑧居室户门净宽不应小于 900mm，居室内走道净宽不应小于 1.20m，卧室、厨房、卫生间门净宽不应小于 800mm；

⑨居室内宜留有直径不小于 1.5m 的轮椅回转空间；

⑩居室内的厕所应设置安全抓杆，并符合本规范第 3.9.4 条（即本手册 1.9.3 条）的有关规定，居室外的公共厕所应满足本规范第 3.9.1 条（即本手册 2.4.2 条）的有关规定或设置无障碍厕所；

⑪ 公共浴室应满足本规范第 3.10 节（即本手册 3.11 节）的有关规定，居室内的淋浴间或盆浴间应设置安全抓杆，并符合本规范第 3.10.2 及 3.10.3 条（即本手册 1.9.7 条及 1.9.8 条）的有关规定；

⑫ 居室宜设置语音提示装置。

《无障碍设计规范》（GB 50763—2012）8.5.2

3.7 体育建筑

3.7.1 体育建筑进行无障碍设计的范围应包括作为体育比赛(训练)、体育教学、体育休闲的体育场馆和场地设施等。

《无障碍设计规范》(GB 50763—2012)8.6.1

3.7.2 体育建筑的无障碍设施应符合下列规定:

①特级、甲级场馆基地内应设置不少于停车数量的 2%,且不少于 2 个无障碍机动车停车位,乙级、丙级场馆基地内应设置不少于 2 个无障碍机动车停车位;

②建筑物的观众、运动员及贵宾出入口应至少各设 1 处无障碍出入口,其他功能分区的出入口可根据需要设置无障碍出入口;

③建筑的检票口及无障碍出入口到各种无障碍设施的室内走道应为无障碍通道,通道长度大于 60.00m 时宜设休息区,休息区应避开行走路线;

④大厅、休息厅、贵宾休息室、疏散大厅等主要人员聚集场所宜设放置轮椅的无障碍休息区;

⑤供观众使用的楼梯应为无障碍楼梯;

⑥特级、甲级场馆内各类观众看台区、主席台、贵宾区内如设置电梯应至少各设置 1 部无障碍电梯,乙级、丙级场馆内座席区设有电梯时至少应设置 1 部无障碍电梯,并应满足赛事和观众的需要;

⑦特级、甲级场馆每处观众区和运动员区使用的男、女公共厕所均应满足本规范第 3.9.1 条(即本手册 2.4.2 条)的有关规定或在每处男、女公共厕所附近设置 1 个无障碍厕所,且场馆内至少应设置 1 个无障碍厕所,主席台休息区、贵宾休息区应至少各设置 1 个无障碍厕所,乙级、丙级场馆的观众区和运动员区各至少有 1 处男、女公共厕所应满足本规范第 3.9.1 条(即本手册 2.4.2 条)的有关规定或各在男、女公共厕所附近设置 1 个无障碍厕所;

⑧运动员浴室均应满足本规范第 3.10 节(即本手册 3.11 节)的有关规定;

⑨场馆内各类观众看台的座席区都应设置轮椅席位,并在轮椅席位旁或邻近的座席处设置 1 : 1 的陪护席位,轮椅席位数不应少于观众席位总数的 0.2%。

《无障碍设计规范》(GB 50763—2012)8.6.2

3.8 文化建筑

3.8.1 文化建筑进行无障碍设计的范围应包括文化馆、活动中心、图书馆、档案馆、纪念馆、纪念塔、纪念碑、宗教建筑、博物馆、展览馆、科技馆、艺术馆、美术馆、会展中心、剧场、音乐厅、电影院、会堂、演艺中心等。

《无障碍设计规范》（GB 50763—2012）8.7.1

3.8.2 文化类建筑的无障碍设施应符合下列规定：

①建筑物至少应有1处无障碍出入口，且宜位于主要出入口处；

②建筑出入口大厅、休息厅（贵宾休息厅）、疏散大厅等主要人员聚集场所有高差或台阶时应设轮椅坡道，宜设置休息座椅和可以放置轮椅的无障碍休息区；

③公众通行的室内走道及检票口应为无障碍通道，走道长度大于60.00m，宜设休息区，休息区应避开行走路线；

④供公众使用的主要楼梯宜为无障碍楼梯；

⑤供公众使用的男、女公共厕所每层至少有1处应满足本规范第3.9.1条（即本手册2.4.2条）的有关规定或在男、女公共厕所附近设置1个无障碍厕所；

⑥公共餐厅应提供总用餐数2%的活动座椅，供乘轮椅者使用。

《无障碍设计规范》（GB 50763—2012）8.7.2

3.8.3 文化馆、少儿活动中心、图书馆、档案馆、纪念馆、纪念塔、纪念碑、宗教建筑、博物馆、展览馆、科技馆、艺术馆、美术馆、会展中心等建筑物的无障碍设施还应符合下列规定：

①图书馆、文化馆等安有探测仪的出入口应便于乘轮椅者进入；

②图书馆、文化馆等应设置低位目录检索台；

③报告厅、视听室、陈列室、展览厅等设有观众席位时应至少设1个轮椅席位；

④县、市级及以上图书馆应设盲人专用图书室（角），在无障碍入口、服务台、楼梯间和电梯间入口、盲人图书室前应设行进盲道和提示盲道；

⑤宜提供语音导览机、助听器等信息服务设备。

《无障碍设计规范》（GB 50763—2012）8.7.3

3.8.4 剧场、音乐厅、电影院、会堂、演艺中心等建筑物的无障碍设施应符合下列规定：

①观众厅内座位数为 300 座及以下时应至少设置 1 个轮椅席位，300 座以上时设置不应少于 0.2% 且不少于 2 个轮椅席位；

②演员活动区域至少有 1 处男、女公共厕所应满足本规范第 3.9 节（即本手册 2.4.2 条、2.4.5 条）的有关规定的要求，贵宾室宜设 1 个无障碍厕所。

《无障碍设计规范》（GB 50763—2012）8.7.4

3.9 商业服务建筑

3.9.1 商业服务建筑进行无障碍设计的范围包括各类百货店、购物中心、超市、专卖店、专业店、餐饮建筑、旅馆等商业建筑，银行、证券大楼等金融服务建筑，邮局、电信局等邮电建筑，娱乐建筑等。

《无障碍设计规范》（GB 50763—2012）8.8.1

3.9.2 商业服务建筑的无障碍设计应符合下列规定：

①建筑物至少应有 1 处无障碍出入口，且宜位于主要出入口处；

②公众通行的室内走道应为无障碍通道；

③供公众使用的男、女公共厕所每层至少有 1 处应满足本规范第 3.9.1 条（即本手册 2.4.2 条）的有关规定或在男、女公共厕所附近设置 1 个无障碍厕所，大型商业建筑宜在男、女公共厕所满足本规范第 3.9.1 条（即本手册 2.4.2 条）的有关规定的同时在附近设置 1 个无障碍厕所；

④供公众使用的主要楼梯应为无障碍楼梯。

《无障碍设计规范》（GB 50763—2012）8.8.2

3.9.3 旅馆等商业服务建筑应设置无障碍客房，其数量应符合下列规定：

① 100 间以下，应设 1 间或 2 间无障碍客房；

② 100 间 ~400 间，应设 2 间 ~4 间无障碍客房；

③ 400 间以上，应至少设 4 间无障碍客房。

《无障碍设计规范》（GB 50763—2012）8.8.3

3.9.4 设有无障碍客房的旅馆建筑，宜配备方便导盲犬休息的设施。

《无障碍设计规范》（GB 50763—2012）8.8.4

3.10 无障碍通道

3.10.1 无障碍通道上有地面高差时，应设置轮椅坡道或缘石坡道。

《建筑与市政工程无障碍通用规范》（GB 55019—2021）2.2.1

3.10.2 无障碍通道的通行净宽不应小于 1.20m，人员密集的公共场所的通行净宽不应小于 1.80m。

《建筑与市政工程无障碍通用规范》（GB 55019—2021）2.2.2

3.10.3 无障碍通道上的门洞口应满足轮椅通行要求，各类检票口、结算口等应设轮椅通道，通行净宽不应小于 900mm。

《建筑与市政工程无障碍通用规范》（GB 55019—2021）2.2.3

3.10.4 无障碍通道上有井盖、箅子时，井盖、箅子孔洞的宽度或直径不应大于 13mm，条状孔洞应垂直于通行方向。

《建筑与市政工程无障碍通用规范》（GB 55019—2021）2.2.4

3.10.5 自动扶梯、楼梯的下部和其他室内外低矮空间可以进入时，应在净高不大于 2.00m 处采取安全阻挡措施。

《建筑与市政工程无障碍通用规范》（GB 55019—2021）2.2.5

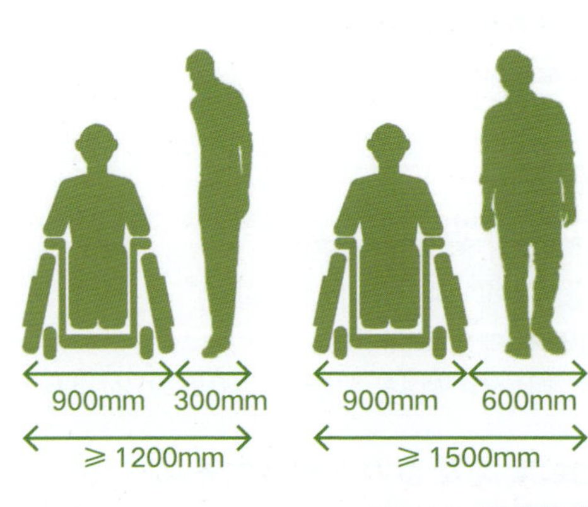

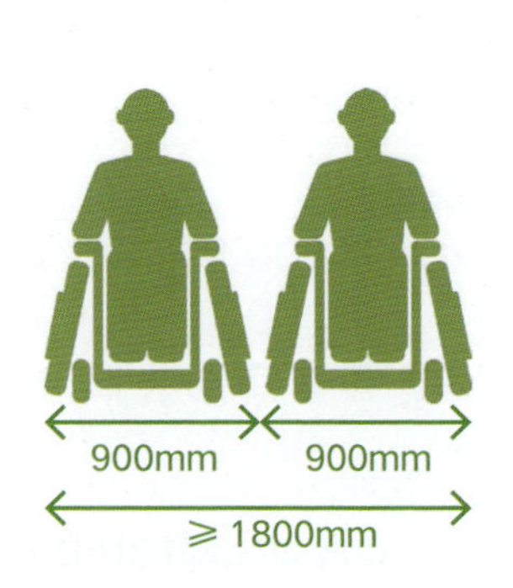

图 3-3 通道宽度示意

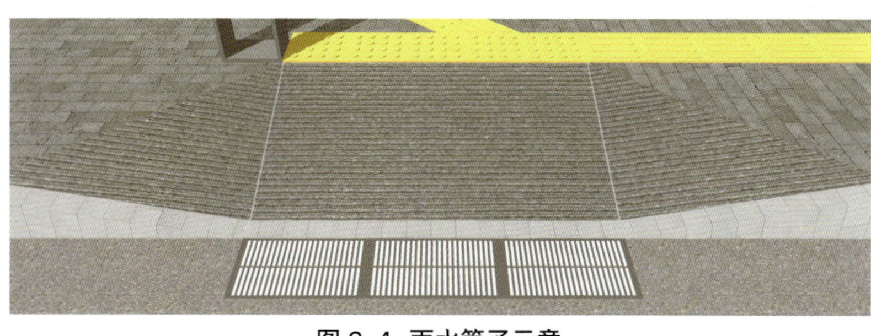

图 3-4 雨水箅子示意

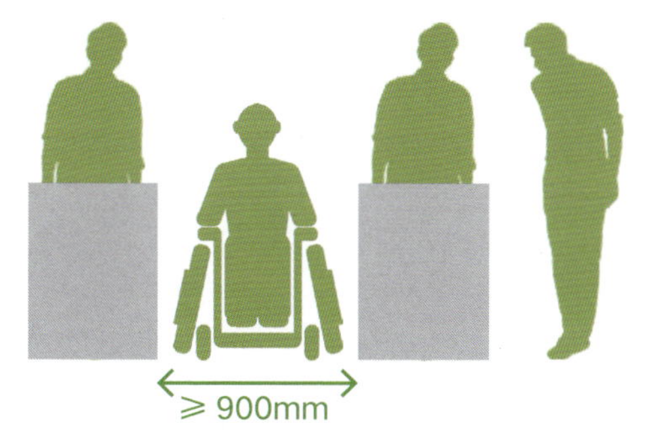

图 3-5 检票口、结算口示意

3.11 公共浴室和更衣室

3.11.1 满足无障碍要求的公共浴室应符合下列规定：

①应设置至少 1 个无障碍淋浴间或盆浴间和 1 个无障碍洗手盆;

②无障碍淋浴间的短边宽度不应小于 1.50m，淋浴间前应设一块不小于 1500mm×800mm 的净空间，和淋浴间入口平行的一边的长度不应小于 1.50m;

③淋浴间入口应采用活动门帘。

《建筑与市政工程无障碍通用规范》（GB 55019—2021）3.3.1

3.11.2 无障碍更衣室应符合下列规定：

①乘轮椅者使用的储物柜前应设直径不小于 1.50m 的轮椅回转空间;

②乘轮椅者使用的座椅的高度应为 400mm~450mm。

《建筑与市政工程无障碍通用规范》（GB 55019—2021）3.3.2

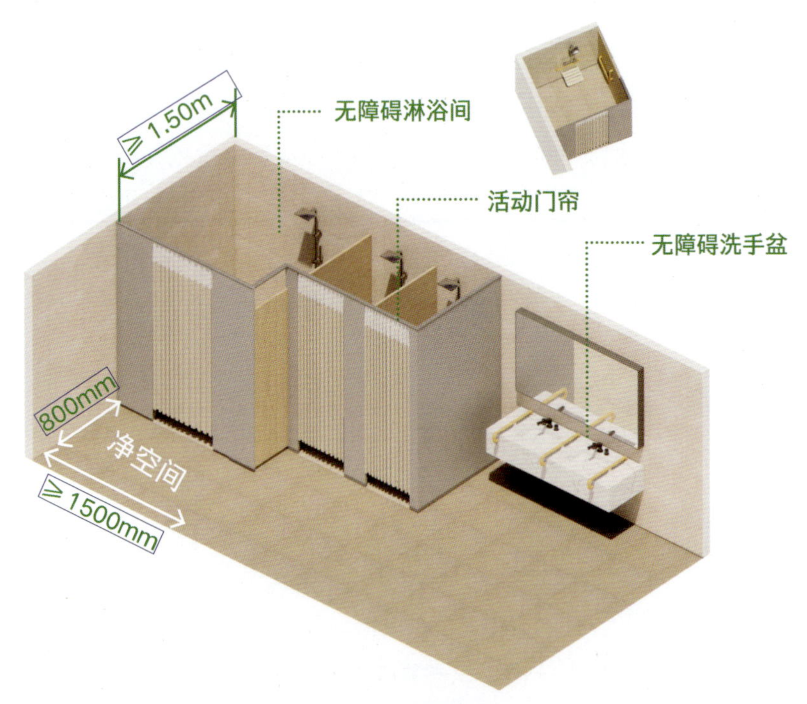

图 3-6 公共浴室示意

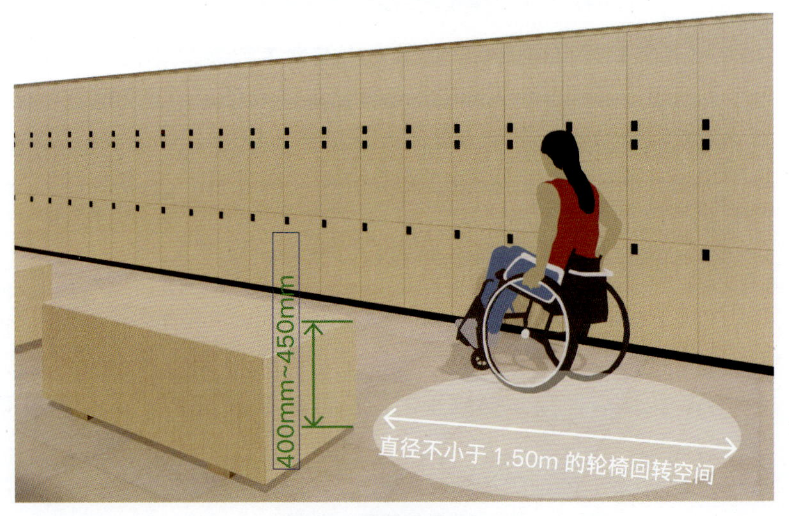

图 3-7 更衣室示意

3.12 轮椅席位

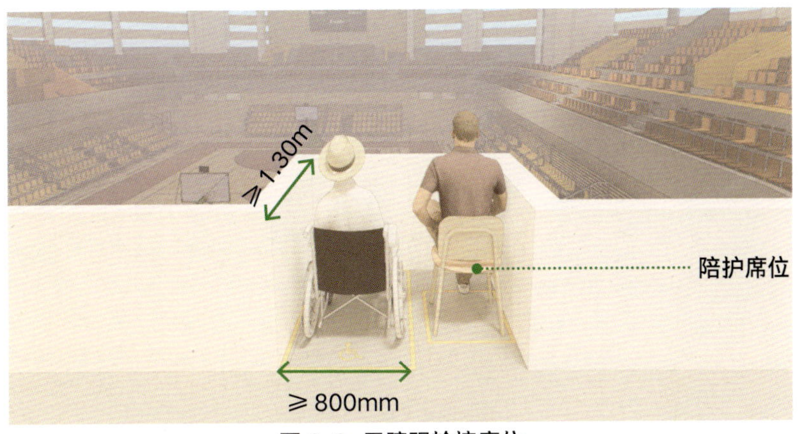

图 3-8 无障碍轮椅席位

3.12.1 轮椅席位的观看视线不应受到遮挡，并不应遮挡他人视线。

《建筑与市政工程无障碍通用规范》（GB 55019—2021）3.5.1

3.12.2 轮椅席位应设置在便于疏散的位置，并不应设置在公共通道范围内。

《建筑与市政工程无障碍通用规范》（GB 55019—2021）3.5.2

3.12.3 轮椅席位区应通过无障碍通行设施与疏散出口、公共服务、卫生间、讲台等必要的功能空间和设施连接。

《建筑与市政工程无障碍通用规范》（GB 55019—2021）3.5.3

3.12.4 轮椅席位应符合下列规定：

①每个轮椅席位的净尺寸深度不应小于 1.30m，宽度不应小于 800mm；

②观众席为 100 座及以下时应至少设置 1 个轮椅席位，101 座 ~400 座时应至少设置 2 个轮椅席位，400 座以上时每增加 200 个座位应至少增设 1 个轮椅席位；

③在轮椅席位旁或邻近的座席处应设置 1 ∶ 1 的陪护席位；

④轮椅席位的地面坡度不应大于 1 ∶ 50。

《建筑与市政工程无障碍通用规范》（GB 55019—2021）3.5.4

3.13 低位服务设施

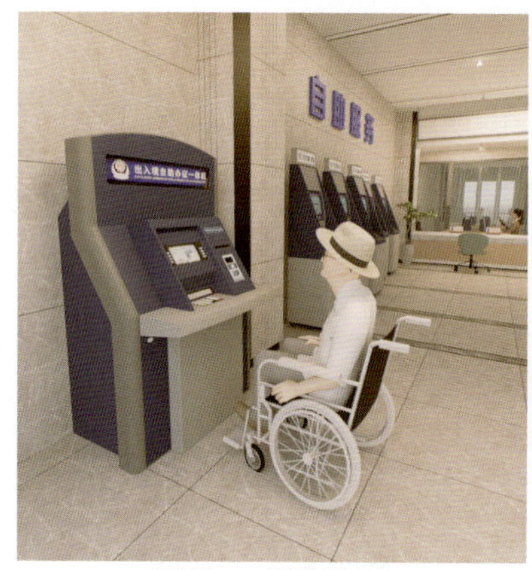

场景一 低位购票

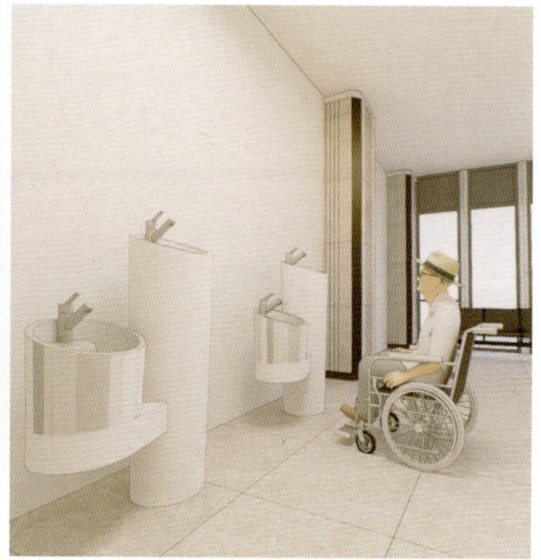

场景二 低位饮水

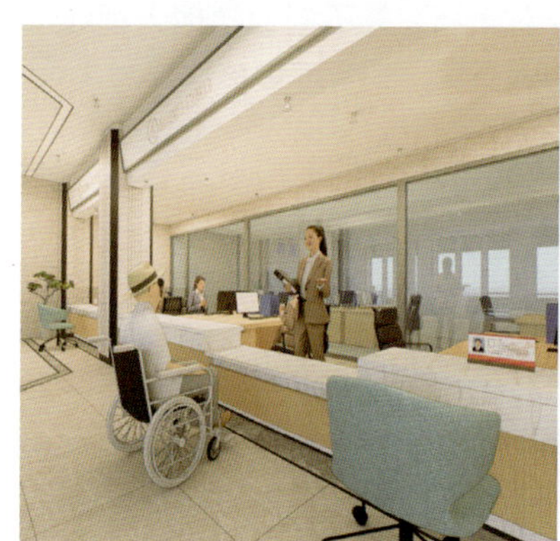

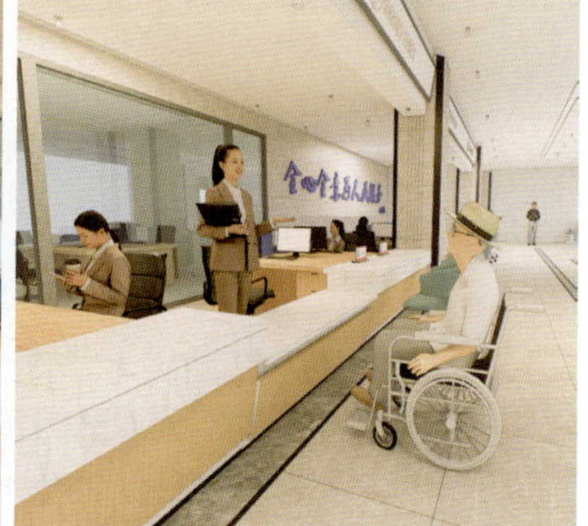

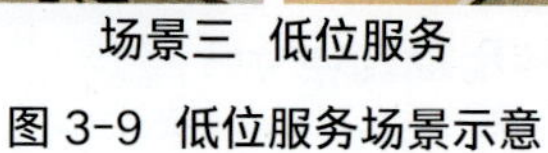

场景三 低位服务

图 3-9 低位服务场景示意

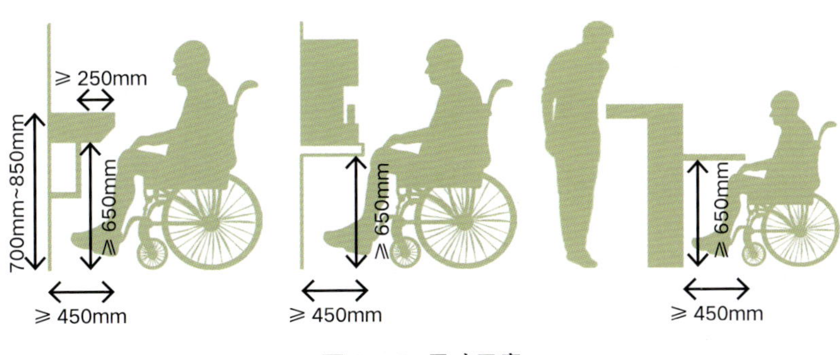

图 3-10 尺寸示意

3.13.1 为公众提供服务的各类服务台均应设置低位服务设施，包括问询台、接待处、业务台、收银台、借阅台、行李托运台等。

《建筑与市政工程无障碍通用规范》（GB 55019—2021）3.6.1

3.13.2 当设置饮水机、自动取款机、自动售票机、自动贩卖机等时，每个区域的不同类型设施应至少有 1 台为低位服务设施。

《建筑与市政工程无障碍通用规范》（GB 55019—2021）3.6.2

3.13.3 低位服务设施前应留有轮椅回转空间。

《建筑与市政工程无障碍通用规范》（GB 55019—2021）3.6.3

3.13.4 低位服务设施的上表面距地面高度应为 700mm~850mm，台面的下部应留出不小于宽 750mm、高 650mm、距地面高度 250mm 范围内进深不小于 450mm、其他部分进深不小于 250mm 的容膝容脚空间。

《建筑与市政工程无障碍通用规范》（GB 55019—2021）3.6.4

3.14 无障碍信息交流设施

3.14.1 无障碍标识应纳入室内外环境的标识系统，应连续并清楚地指明无障碍设施的位置和方向。

《建筑与市政工程无障碍通用规范》（GB 55019—2021）4.0.1

3.14.2 无障碍标志的安装位置和高度应保证从站立和座位的视觉角度都能够看见，并且不应被其他任何物品遮挡。

《建筑与市政工程无障碍通用规范》（GB 55019—2021）4.0.2

3.14.3 无障碍设施处均应设置无障碍标志。

《建筑与市政工程无障碍通用规范》（GB 55019—2021）4.0.3

3.14.4 对需要安全警示处，应同时提供包括视觉标志和听觉标志的警示标志。

《建筑与市政工程无障碍通用规范》（GB 55019—2021）4.0.4

3.14.5 语音信息密集的公共场所和以声音为主要传播手段的公共服务应提供文字信息的辅助服务。

《建筑与市政工程无障碍通用规范》（GB 55019—2021）4.0.5

3.14.6 在以视觉信息为主的公共服务中，应提供听觉信息的辅助服务。

《建筑与市政工程无障碍通用规范》（GB 55019—2021）4.0.6

3.14.7 公共场所中的网络通信设备部件应符合下列规定：

①低位电话、低位个人自助终端和低位台面计算机应符合本规范第 3.6.4 条（即本手册 3.13.4 条）的有关规定。

②每 1 组公用电话中，应至少设 1 部低位电话，听筒线长度不应小于 600mm；应至少设 1 部电话具备免提对话、音量放大和助听耦合的功能。

③每 1 组个人自助终端中，应至少设 1 部低位个人自助终端；应至少设 1 部具备视觉和听觉两种信息传递方式的个人自助终端。

④供公众使用的计算机中，应至少提供 1 台低位台面计算机；应至少提供 1 台具备读屏软件和支持屏幕放大功能的计算机；应至少提供 1 台具备语音输入功能的计算机；支持可替换键盘的计算机不应少于 20%。

《建筑与市政工程无障碍通用规范》（GB 55019—2021）4.0.7

3.15 无障碍服务设施

3.15.1 通往无障碍服务设施的通道应为无障碍通道。

《建筑与市政工程无障碍通用规范》（GB 55019—2021）3.1.1

3.15.2 具有内部使用空间的无障碍服务设施的入口和室内空间应方便乘轮椅者进入和使用，内部应设轮椅回转空间，轮椅需要通行的区域通行净宽不应小于 900mm。

《建筑与市政工程无障碍通用规范》（GB 55019—2021）3.1.2

3.15.3 具有内部使用空间的无障碍服务设施的门在紧急情况下应能从外面打开。

《建筑与市政工程无障碍通用规范》（GB 55019—2021）3.1.3

3.15.4 具有内部使用空间的无障碍服务设施应设置易于识别和使用的救助呼叫装置。

《建筑与市政工程无障碍通用规范》（GB 55019—2021）3.1.4

3.15.5 无障碍服务设施的地面应坚固、平整、防滑、不积水。

《建筑与市政工程无障碍通用规范》（GB 55019—2021）3.1.5

3.15.6 无障碍服务设施内供使用者操控的照明、设备、设施的开关和调控面板应易于识别，距地面高度应为 0.85m~1.10m。

《建筑与市政工程无障碍通用规范》（GB 55019—2021）3.1.6

3.15.7 无障碍服务设施内安装的部件应符合下列规定：

①应安装牢固；

②安全抓杆直径应为 30mm~40mm，内侧与墙面的净距离不应小于 40mm；

③低位挂衣钩、低位毛巾架、低位搁物架距地面高度不应大于 1.20m。

《建筑与市政工程无障碍通用规范》（GB 55019—2021）3.1.7

4 公共场所

PUBLIC SPACE

4.1 公共场所无障碍环境重点设施

表 4-1 公共场所无障碍设施一览表

场所名称	无障碍出入口	无障碍通道	缘石坡道	盲道	无障碍楼梯	无障碍电梯	无障碍厕所	公共厕所&厕位	低位服务设施	无障碍停车位	标志	轮椅停留空间	无障碍信息交流	设施数量小计
城市广场	●	●	●	●	●	●	●	●	●	●	●	●	●	13
公园绿地	●	●	●	●	●	●	●	●	●	●	●	●	●	13

注：“●”为规范中应配置的无障碍设施。

表 4-2 各类无障碍设施建设要素

设施名称	要　　点	要　　素	图文详解
无障碍出入口	出入口样式	平坡出入口	1.2.6
		台阶+轮椅坡道	1.3
		台阶+升降平台	1.4
	入口平台	回转空间	1.2.2
		雨篷	1.2.2
	门	样式	1.5.2
		通行宽度	1.2.3
		回转空间	1.2.5 1.5.7
		门槛高差	1.5.3
		玻璃门	1.5.6
		手动门	1.5.4
		自动门	1.5.5

续表

设施名称	要　点	要　素	图文详解
无障碍通道	—	地面高差	3.10.1
		通道净宽	3.10.2
		门洞净宽	3.10.3
		雨水箅子、井盖	3.10.4
		低矮空间防护	3.10.5
		障碍物	4.2.2
		危险防护	4.2.3
		地面要求	4.2.4
盲道	—	方向辨别	6.8.1
		安全	6.8.1
		障碍物	6.8.2
		提示盲道设置	6.8.3
		提示盲道尺寸	6.8.3
		颜色、材质	6.8.4
缘石坡道	—	设置位置	6.7.1
		与车道高差	6.7.2
		提示盲道	6.7.3
		坡度	6.7.4
		宽度	6.7.5
		过渡空间	6.7.6
		阻车桩	6.7.7
		雨水箅子	6.7.7

续表

设施名称	要　点	要　素	图文详解
无障碍楼梯及台阶	台阶	踏步宽度	1.7.4
		踏步高度	1.7.4
		防滑条	1.7.1
		样式	1.7.1
		提示盲道	1.7.1
		扶手	1.7.2 1.8
	楼梯	踏步宽度	1.7.3
		踏步高度	1.7.3
		防滑条	1.7.1
		样式	1.7.1
		提示盲道	1.7.1
		扶手	1.7.2 1.8
		颜色	1.7.1
		安全阻挡	1.7.3

续表

设施名称	要　　点	要　　素	图文详解
无障碍电梯	电梯厅	回转空间	1.6.1
		低位按钮	1.6.1
		提示盲道	1.6.1
		显示装置	1.6.1
		抵达音响	1.6.1
		盲文标志	1.6.1
	电梯	轿厢尺寸	1.6.2
		通行宽度	1.6.3
		自动门开启时间	1.6.3
		轿厢内扶手	1.6.5
		盲文选层按钮	1.6.5
		显示装置和报层音响	1.6.5
		镜面材质	1.6.5
无障碍信息交流	—	标志指引	3.14.1
		视线遮挡	3.14.2
		布置点	3.14.3
		安全警示布置	3.14.4
		文字信息辅助	3.14.5
		听觉信息辅助	3.14.6
		低位电话	3.14.7
		低位终端	3.14.7
		低位计算机	3.14.7

续表

设施名称	要　　点	要　　素	图文详解
无障碍厕所	总体要求	面积及回转空间	1.9.1
		配置设施名称	1.9.1
		门	1.9.2
		多功能台	1.9.2
		挂衣钩	1.9.2
		无障碍标志	1.9.2
	坐便器	安全抓杆	1.9.4
		抓杆安装位置	1.9.4
		水箱控制装置	1.9.4
		取纸器	1.9.4
		救助呼叫装置	1.9.4
	小便器	安全抓杆	1.9.5
		抓杆安装位置	1.9.5
		小便器安装位置	1.9.5
	洗手盆	台面高度	1.9.6
		容膝容脚空间	1.9.6
		镜子	1.9.6
		水龙头	1.9.6
公共厕所&厕位	公共厕所	配置设施名称	2.4.1
		回转空间	2.4.1
		门	2.4.2
		地面	2.4.2
		无障碍标志	2.4.2
		布局	2.4.3
	厕位	尺寸	2.4.4
		坐便器	2.4.5
		门	2.4.5

续表

设施名称	要　　点	要　　素	图文详解
低位服务设施	—	需设置的服务台	3.13.1
		需设置的设施	3.13.2
		回转空间	3.13.3
		高度	3.13.4
		容腿空间	3.13.4
无障碍标志	无障碍标志	类别	第7章
		醒目、无遮挡	第7章
		系统化	第7章
	盲文标志	类别	第7章
		表示方法	第7章
	信息无障碍	因地制宜	第7章
		布局合理	第7章
无障碍停车位	—	设置位置	2.5.1
		轮椅通道	2.5.2
		地面坡度	2.5.3
		划线及标志	2.5.4
		配置比例	2.5.5
		车道尺寸	2.5.6
		缘石坡道	2.5.2 2.5.6 6.7
轮椅停留空间	—	人行道休息座椅	6.4.4
		绿地及广场休息座椅	2.2.3

4.2 一般规定

4.2.1 城市开敞空间、建筑场地、建筑内部及其之间应提供连贯的无障碍通行流线。

《建筑与市政工程无障碍通用规范》（GB 55019—2021）2.1.1

4.2.2 无障碍通行流线上的标志物、垃圾桶、座椅、灯柱、隔离墩、地灯和地面布线（线槽）等设施均不应妨碍行动障碍者的独立通行。固定在无障碍通道、轮椅坡道、楼梯的墙或柱面上的物体，突出部分大于 100mm 且底面距地面高度小于 2.00m 时，其底面距地面高度不应大于 600mm，且应保证有效通行净宽。

《建筑与市政工程无障碍通用规范》（GB 55019—2021）2.1.2

4.2.3 无障碍通行流线在临近地形险要地段处应设置安全防护设施，必要时应同时设置安全警示线。

《建筑与市政工程无障碍通用规范》（GB 55019—2021）2.1.3

4.2.4 无障碍通行设施的地面应坚固、平整、防滑、不积水。

《建筑与市政工程无障碍通用规范》（GB 55019—2021）2.1.4

4.3 城市广场的实施范围、实施部位和设计要求

4.3.1 城市广场进行无障碍设计的范围应包括下列内容：

①公共活动广场；

②交通集散广场。

《无障碍设计规范》（GB 50763—2012）5.1.1

4.3.2 城市广场的公共停车场的停车数在 50 辆以下时应设置不少于 1 个无障碍机动车停车位，100 辆以下时应设置不少于 2 个无障碍机动车停车位，100 辆以上时应设置不少于总停车数 2% 的无障碍机动车停车位。

《无障碍设计规范》（GB 50763—2012）5.2.1

4.3.3 城市广场的地面应平整、防滑、不积水。

《无障碍设计规范》（GB 50763—2012）5.2.2

4.3.4 城市广场盲道的设置应符合下列规定：

①设有台阶或坡道时，距每段台阶与坡道的起点与终点 250mm~500mm 处应设提示盲道，其长度应与台阶、坡道相对应，宽度应为 250mm~500mm；

②人行道中有行进盲道时，应与提示盲道相连接。

《无障碍设计规范》（GB 50763—2012）5.2.3

4.3.5 城市广场的地面有高差时坡道与无障碍电梯的选择应符合下列规定：

①设置台阶的同时应设置轮椅坡道；

②当设置轮椅坡道有困难时，可设置无障碍电梯。

《无障碍设计规范》（GB 50763—2012）5.2.4

4.3.6 城市广场内的服务设施应同时设置低位服务设施。

《无障碍设计规范》（GB 50763—2012）5.2.5

4.3.7 男、女公共厕所均应满足本规范第 8.13 节（即本手册 2.4 节）的有关规定。

《无障碍设计规范》（GB 50763—2012）5.2.6

4.3.8 城市广场的无障碍设施的位置应设置无障碍标志，无障碍标志应符合本规范第 3.16 节（即本手册第 7 章）的有关规定，带指示方向的无障碍设施标志牌应与无障碍设施标志牌形成引导系统，满足通行的连续性。

《无障碍设计规范》（GB 50763—2012）5.2.7

4.4 城市绿地的实施范围

4.4.1 城市绿地进行无障碍设计的范围应包括下列内容：

①城市中的各类公园，包括综合公园、社区公园、专类公园、带状公园、街旁绿地等；

②附属绿地中的开放式绿地；

③对公众开放的其他绿地。

《无障碍设计规范》（GB 50763—2012）6.1.1

4.5 公园绿地

4.5.1 公园绿地停车场的总停车数在 50 辆以下时应设置不少于 1 个无障碍机动车停车位，100 辆以下时应设置不少于 2 个无障碍机动车停车位，100 辆以上时应设置不少于总停车数 2% 的无障碍机动车停车位。

《无障碍设计规范》（GB 50763—2012）6.2.1

4.5.2 售票处的无障碍设计应符合下列规定：

①主要出入口的售票处应设置低位售票窗口；

②低位售票窗同前地面有高差时，应设轮椅坡道以及不小于 1.50m×1.50m 的平台；

③售票窗口前应设提示盲道，距售票处外墙应为 250mm~500mm。

《无障碍设计规范》（GB 50763—2012）6.2.2

4.5.3 出入口的无障碍设计应符合下列规定：

①主要出入口应设置为无障碍出入口，设有自动检票设备的出入口，也应设置专供乘轮椅者使用的检票口；

②出入口检票口的无障碍通道宽度不应小于 1.20m；

③出入口设置车挡时，车挡间距不应小于 900mm 。

《无障碍设计规范》（GB 50763—2012）6.2.3

4.5.4 无障碍游览路线应符合下列规定：

①无障碍游览主园路应结合公园绿地的主路设置，应能到达部分主要景区和景点，并宜形成环路，纵坡宜小于5%，山地公园绿地的无障碍游览主园路纵坡应小于8%；无障碍游览主园路不宜设置台阶、梯道，必须设置时应同时设置轮椅坡道。

②无障碍游览支园路应能连接主要景点，并和无障碍游览主园路相连，形成环路；小路可到达景点局部，不能形成环路时，应便于折返，无障碍游览支园路和小路的纵坡应小于8%；坡度超过8%时，路面应作防滑处理，并不宜轮椅通行。

③园路坡度大于8%时，宜每隔10.00m~20.00m在路旁设置休息平台。

④紧邻湖岸的无障碍游览园路应设置护栏，高度不低于900mm。

⑤路面应平整、防滑、不松动，园路上的窨井盖板应与路面平齐，排水沟的滤水箅子孔的宽度不应大于15mm。

《无障碍设计规范》（GB 50763—2012）6.2.4

4.5.5 游憩区的无障碍设计应符合下列规定：

①主要出入口或无障碍游览园路沿线应设置一定面积的无障碍游憩区；

②无障碍游憩区应方便轮椅通行，有高差时应设置轮椅坡道，地面应平整、防滑、不松动；

③无障碍游憩区的广场树池宜高出广场地面，与广场地面相平的树池应加箅子。

《无障碍设计规范》（GB 50763—2012）6.2.5

4.5.6 常规设施的无障碍设计应符合下列规定：

①在主要出入口、主要景点和景区，无障碍游憩区内的游憩设施、服务设施、公共设施、管理设施应为无障碍设施；

②游憩设施的无障碍设计应符合下列规定：

a. 在没有特殊景观要求的前提下，应设为无障碍游憩设施；

b. 单体建筑和组合建筑包括亭、廊、榭、花架等，若有台明和台阶时，台明不宜过高，入口应设置坡道，建筑室内应满足无障碍通行要求；

c. 建筑院落的出入口以及院内广场、通道有高差时，应设置轮椅坡道；有三个以上出入口时，至少应设两个无障碍出入口，建筑院落的内廊或通道的宽度不应小于 1.20m；

d. 码头与无障碍园路和广场衔接处有高差时应设置轮椅坡道；

e. 无障碍游览路线上的桥应为平桥或坡度在 8% 以下的小拱桥，宽度不应小于 1.20m ，桥面应防滑，两侧应设栏杆。桥面与园路、广场衔接有高差时应设轮椅坡道。

③服务设施的无障碍设计应符合下列规定：

a. 小卖店等的售货窗口应设置低位窗口；

b. 茶座、咖啡厅、餐厅、摄影部等出入口应为无障碍出入口，应提供一定数量的轮椅席位；

c. 服务台、业务台、咨询台、售货柜台等应设有低位服务设施。

④公共设施的无障碍设计应符合下列规定：

a. 公共厕所应满足本规范第 8.13 节（即本手册 2.4 节）的有关规定，大型园林建筑和主要游览区应设置无障碍厕所；

b. 饮水器、洗手台、垃圾箱等小品的设置应方便乘轮椅者使用；

c. 游客服务中心应符合本规范第 8.8 节（即本手册 3.9 节）的有关规定；

d. 休息座椅旁应设置轮椅停留空间。

⑤管理设施的无障碍设计应符合本规范第 8.2 节（即本手册 3.3 节）的有关规定。

《无障碍设计规范》（GB 50763—2012）6.2.6

4.5.7 标志与信息应符合下列规定：

①主要出入口、无障碍通道、停车位、建筑出入口、公共厕所等无障碍设施的位置应设置无障碍标志，并应形成完整的无障碍标志系统，清楚地指明无障碍设施的走向及位置，无障碍标志应符合第 3.16 节（即本手册第 7 章）的有关规定；

②应设置系统的指路牌、定位导览图、景区景点和园中园说明牌；

③出入口应设置无障碍设施位置图、无障碍游览图。

《无障碍设计规范》（GB 50763—2012）6.2.7

4.5.8 不同类别的公园绿地的特殊要求：

①大型植物园宜设置盲人植物区域或者植物角，并提供语音服务、盲文铭牌等供视觉障碍者使用的设施；

②绿地内展览区、展示区、动物园的动物展示区应设置便于乘轮椅者参观的窗口或位置。

《无障碍设计规范》（GB 50763—2012）6.2.8

4.6 附属绿地

4.6.1 附属绿地中的开放式绿地应进行无障碍设计。

《无障碍设计规范》（GB 50763—2012）6.3.1

4.6.2 附属绿地中的无障碍设计应符合本规范第 6.2 节（即本手册 4.5 节）和第 7.2 节（即本手册 2.2 节）的有关规定。

《无障碍设计规范》（GB 50763—2012）6.3.2

4.7 其他绿地

4.7.1 其他绿地中的开放式绿地应进行无障碍设计。

《无障碍设计规范》（GB 50763—2012）6.4.1

4.7.2 其他绿地的无障碍设计应符合本规范第 6.2 节（即本手册 4.5 节）的有关规定。

《无障碍设计规范》（GB 50763—2012）6.4.2

5 交通运输设施
TRANSPORTATION FACILITY

5.1 交通运输设施无障碍环境重点设施

表 5-1 交通运输设施无障碍设施一览表

设施名称	无障碍出入口	无障碍通道	盲道	缘石坡道	无障碍楼梯	无障碍电梯	无障碍车位	低位服务设施	标志导视	无障碍信息交流	无障碍厕所	公共厕所&厕位	设施数量小计
公交车站		●	●	●					●				4
汽车客运站	●	●			●	●	●	●	●	●	●	●	10
公共停车场（库）	●	●		●			●						4
汽车加油加气站	●										●	●	3
高速公路服务区建筑	●			●			●				●	●	5

注：“●”为规范中应配置的无障碍设施。

表 5-2 各类无障碍设施建设要素

设施名称	要　点	要　素	图文详解
无障碍出入口	出入口样式	平坡出入口	1.2.6
		台阶+轮椅坡道	1.3
		台阶+升降平台	1.4
	入口平台	回转空间	1.2.2
		雨篷	1.2.2
	门	样式	1.5.2
		通行宽度	1.2.3
		回转空间	1.2.5 1.5.7
		门槛高差	1.5.3
		玻璃门	1.5.6
		手动门	1.5.4
		自动门	1.5.5

续表

设施名称	要　　点	要　　素	图文详解
无障碍通道	—	地面高差	3.10.1
		通道净宽	3.10.2
		门洞净宽	3.10.3
		雨水箅子、井盖	3.10.4
		低矮空间防护	3.10.5
		障碍物	4.2.2
		危险防护	4.2.3
		地面要求	4.2.4
盲道	—	方向辨别	6.8.1
		安全	6.8.1
		障碍物	6.8.2
		提示盲道设置	6.8.3
		提示盲道尺寸	6.8.3
		颜色、材质	6.8.4
缘石坡道	—	设置位置	6.7.1
		与车道高差	6.7.2
		提示盲道	6.7.3
		坡度	6.7.4
		宽度	6.7.5
		过渡空间	6.7.6
		阻车桩	6.7.7
		雨水箅子	6.7.7

续表

设施名称	要　点	要　素	图文详解
无障碍楼梯及台阶	台阶	踏步宽度	1.7.4
		踏步高度	1.7.4
		防滑条	1.7.1
		样式	1.7.1
		提示盲道	1.7.1
		扶手	1.7.2 1.8
	楼梯	踏步宽度	1.7.3
		踏步高度	1.7.3
		防滑条	1.7.1
		样式	1.7.1
		提示盲道	1.7.1
		扶手	1.7.2 1.8
		颜色	1.7.1
		安全阻挡	1.7.3

续表

设施名称	要　　点	要　　素	图文详解
无障碍电梯	电梯厅	回转空间	1.6.1
		低位按钮	1.6.1
		提示盲道	1.6.1
		显示装置	1.6.1
		抵达音响	1.6.1
		盲文标志	1.6.1
	电梯	轿厢尺寸	1.6.2
		通行宽度	1.6.3
		自动门开启时间	1.6.3
		轿厢内扶手	1.6.5
		盲文选层按钮	1.6.5
		显示装置和报层音响	1.6.5
		镜面材质	1.6.5
无障碍信息交流	—	标志指引	3.14.1
		视线遮挡	3.14.2
		布置点	3.14.3
		安全警示布置	3.14.4
		文字信息辅助	3.14.5
		听觉信息辅助	3.14.6
		低位电话	3.14.7
		低位终端	3.14.7
		低位计算机	3.14.7

续表

设施名称	要　　点	要　　素	图文详解
无障碍厕所	总体要求	面积及回转空间	1.9.1
		配置设施名称	1.9.1
		门	1.9.2
		多功能台	1.9.2
		挂衣钩	1.9.2
		无障碍标志	1.9.2
	坐便器	安全抓杆	1.9.4
		抓杆安装位置	1.9.4
		水箱控制装置	1.9.4
		取纸器	1.9.4
		救助呼叫装置	1.9.4
	小便器	安全抓杆	1.9.5
		抓杆安装位置	1.9.5
		小便器安装位置	1.9.5
	洗手盆	台面高度	1.9.6
		容膝容脚空间	1.9.6
		镜子	1.9.6
		水龙头	1.9.6
公共厕所&厕位	公共厕所	配置设施名称	2.4.1
		回转空间	2.4.1
		门	2.4.2
		地面	2.4.2
		无障碍标志	2.4.2
		布局	2.4.3
	厕位	尺寸	2.4.4
		坐便器	2.4.5
		门	2.4.5

续表

设施名称	要　点	要　素	图文详解
低位服务设施	—	需设置的服务台	3.13.1
		需设置的设施	3.13.2
		回转空间	3.13.3
		高度	3.13.4
		容腿空间	3.13.4
无障碍标志	无障碍标志	类别	第7章
		醒目、无遮挡	第7章
		系统化	第7章
	盲文标志	类别	第7章
		表示方法	第7章
	信息无障碍	因地制宜	第7章
		布局合理	第7章
无障碍停车位	—	设置位置	2.5.1
		轮椅通道	2.5.2
		地面坡度	2.5.3
		划线及标志	2.5.4
		配置比例	2.5.5
		车道尺寸	2.5.6
		缘石坡道	2.5.2 2.5.6 6.7

5.2 公交车站

5.2.1 公交车站处站台设计应符合下列规定：

①站台有效通行宽度不应小于 1.50m；

②在车道之间的分隔带设公交车站时应方便乘轮椅者使用。

《无障碍设计规范》（GB 50763—2012）4.5.1

5.2.2 盲道与盲文信息布置应符合下列规定：

①站台距路缘石 250mm~500mm 处应设置提示盲道，其长度应与公交车站的长度相对应；

②当人行道中设有盲道系统时，应与公交车站的盲道相连接；

③宜设置盲文站牌或语音提示服务设施，盲文站牌的位置、高度、形式与内容应方便视觉障碍者的使用。

《无障碍设计规范》（GB 50763—2012）4.5.2

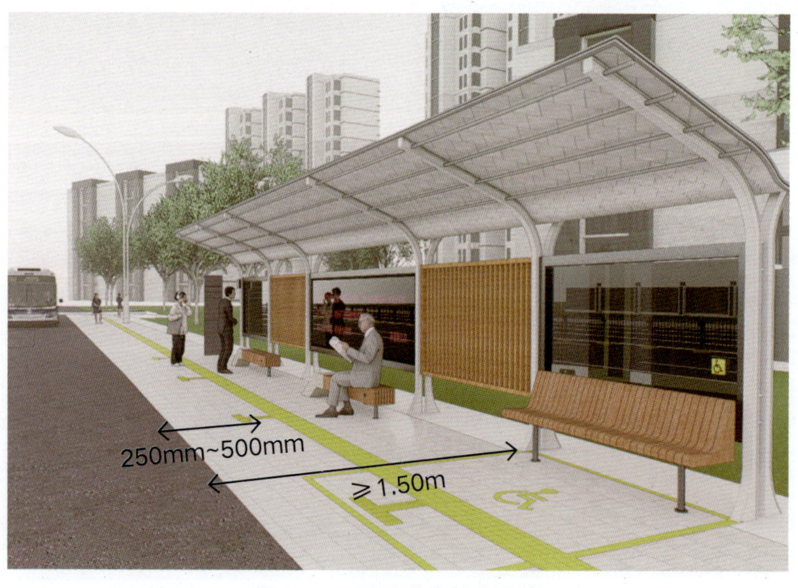

图 5-1 无障碍公交站台示意

图 5-2 无障碍语音提示

图 5-3 无障碍专用座椅

图 5-4 无障碍视觉提示

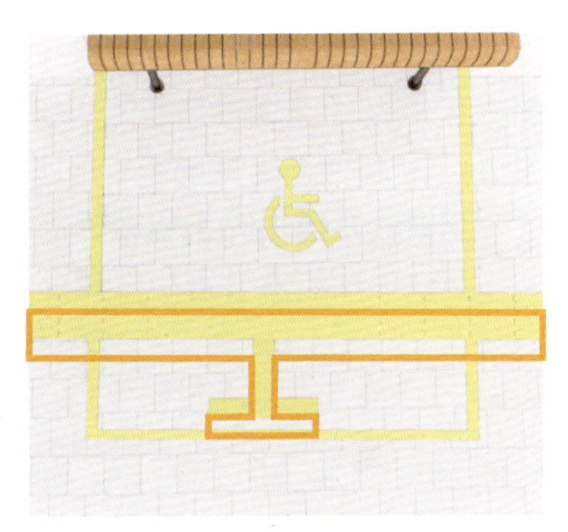

图 5-5 无障碍提示盲道

图 5-6 无障碍公交站台正面示意

5.3 汽车客运站

5.3.1 汽车客运站建筑进行无障碍设计的范围包括各类长途汽车站。

《无障碍设计规范》（GB 50763—2012）8.9.1

5.3.2 汽车客运站建筑的无障碍设计应符合下列规定：

①站前广场人行通道的地面应平整、防滑、不积水，有高差时应做轮椅坡道；

②建筑物至少应有 1 处无障碍出入口，宜设置为平坡出入口，且宜位于主要出入口处；

③门厅、售票厅、候车厅、检票口等旅客通行的室内走道应为无障碍通道；

④供旅客使用的男、女公共厕所每层至少有 1 处应满足本规范第 3.9.1 条（即本手册 2.4.2 条）的有关规定或在男、女公共厕所附近设置 1 个无障碍厕所，且建筑内至少应设置 1 个无障碍厕所；

⑤供公众使用的主要楼梯应为无障碍楼梯；

⑥行包托运处（含小件寄存处）应设置低位窗口。

《无障碍设计规范》（GB 50763—2012）8.9.2

5.4 汽车加油加气站

5.4.1 汽车加油加气站附属建筑的无障碍设计应符合下列规定：

①建筑物至少应有 1 处无障碍出入口，且宜位于主要出入口处;

②男、女公共厕所宜满足本规范第 8.13 节（即本手册 2.4 节）的有关规定。

《无障碍设计规范》（GB 50763—2012）8.11.1

5.5 高速公路服务区建筑

5.5.1 高速公路服务区建筑内的服务建筑的无障碍设计应符合下列规定：

①建筑物至少应有 1 处无障碍出入口，且宜位于主要出入口处;

②男、女公共厕所应满足本规范第 8.13 节（即本手册 2.4 节）的有关规定。

《无障碍设计规范》（GB 50763—2012）8.12.1

(滨江)
行政服务中心
市民之家

6

城乡道路

URBAN AND RURAL ROAD

6.1 城乡道路无障碍环境重点设施

表 6-1 城乡道路无障碍设施一览表

设施名称	无障碍通道	缘石坡道	盲道	轮椅坡道	无障碍楼梯	无障碍电梯	扶手	低位服务设施	标志	轮椅停留空间	无障碍信息交流	设施数量小计
人行道		●	●	●				●	●	●	●	7
人行横道	●								●		●	3
人行天桥及地道			●	●	●	●	●					5

注：“●”为规范中应配置的无障碍设施。

表 6-2 各类无障碍设施建设要素

设施名称	要　点	要　素	图文详解
无障碍通道	—	地面高差	3.10.1
		通道净宽	3.10.2
		门洞净宽	3.10.3
		雨水箅子、井盖	3.10.4
		低矮空间防护	3.10.5
		障碍物	4.2.2
		危险防护	4.2.3
		地面要求	4.2.4

续表

设施名称	要　　点	要　　素	图文详解
缘石坡道	—	设置位置	6.7.1
		与车道高差	6.7.2
		提示盲道	6.7.3
		坡度	6.7.4
		宽度	6.7.5
		过渡空间	6.7.6
		阻车桩	6.7.7
		雨水箅子	6.7.7
盲道	—	方向辨别	6.8.1
		安全	6.8.1
		障碍物	6.8.2
		提示盲道设置	6.8.3
		提示盲道尺寸	6.8.3
		颜色、材质	6.8.4
轮椅坡道	—	坡度与提升高度	1.3.1
		净宽	1.3.2
		回转空间	1.3.3
		扶手设置	1.3.4
		安全防护	1.3.5
		平面样式	1.3.6
		地面材质	1.3.7
		无障碍标志	1.3.8

续表

设施名称	要　　点	要　　素	图文详解
无障碍楼梯及台阶	台阶	踏步宽度	1.7.4
		踏步高度	1.7.4
		防滑条	1.7.1
		样式	1.7.1
		提示盲道	1.7.1
		扶手	1.7.2 1.8
	楼梯	踏步宽度	1.7.3
		踏步高度	1.7.3
		防滑条	1.7.1
		样式	1.7.1
		提示盲道	1.7.1
		扶手	1.7.2 1.8
		颜色	1.7.1
		安全阻挡	1.7.3

续表

设施名称	要　　点	要　　素	图文详解
无障碍电梯	电梯厅	回转空间	1.6.1
		低位按钮	1.6.1
		提示盲道	1.6.1
		显示装置	1.6.1
		抵达音响	1.6.1
		盲文标志	1.6.1
	电梯	轿厢尺寸	1.6.2
		通行宽度	1.6.3
		自动门开启时间	1.6.3
		轿厢内扶手	1.6.5
		盲文选层按钮	1.6.5
		显示装置和报层音响	1.6.5
		镜面材质	1.6.5
无障碍信息交流	—	标志指引	3.14.1
		视线遮挡	3.14.2
		布置点	3.14.3
		安全警示布置	3.14.4
		文字信息辅助	3.14.5
		听觉信息辅助	3.14.6
		低位电话	3.14.7
		低位终端	3.14.7
		低位计算机	3.14.7

续表

设施名称	要　点	要　素	图文详解
扶手	—	高度	1.8.1
		连续设置	1.8.2
		起点、终点延伸	1.8.3
		墙面净距离	1.8.4
		颜色	1.8.5
		截面尺寸	1.8.6
		材质	1.8.7
低位服务设施	—	需设置的服务台	3.13.1
		需设置的设施	3.13.2
		回转空间	3.13.3
		高度	3.13.4
		容腿空间	3.13.4
无障碍标志	无障碍标志	类别	第7章
		醒目、无遮挡	第7章
		系统化	第7章
	盲文标志	类别	第7章
		表示方法	第7章
	信息无障碍	因地制宜	第7章
		布局合理	第7章
轮椅停留空间	—	人行道休息座椅	6.4.4
		绿地及广场休息座椅	2.2.3

6.2 城市道路实施范围

6.2.1 城市道路无障碍设计的范围应包括：

①城市各级道路；

②城镇主要道路；

③步行街；

④旅游景点、城市景观带的周边道路。

《无障碍设计规范》（GB 50763—2012）4.1.1

6.2.2 城市道路、桥梁、隧道、立体交叉中人行系统均应进行无障碍设计，无障碍设施应沿行人通行路径布置。

《无障碍设计规范》（GB 50763—2012）4.1.2

6.2.3 人行系统中的无障碍设计主要包括人行道、人行横道、人行天桥及地道、公交车站。

《无障碍设计规范》（GB 50763—2012）4.1.3

6.3 无障碍标志系统

6.3.1 无障碍设施位置不明显时，应设置相应的无障碍标志系统。

《无障碍设计规范》（GB 50763—2012）4.6.1

6.3.2 无障碍标志牌应沿行人通行路径布置，构成引导标志系统。

《无障碍设计规范》（GB 50763—2012）4.6.2

6.3.3 无障碍标志牌的布置应与其他交通标志牌相协调。

《无障碍设计规范》（GB 50763—2012）4.6.3

6.4 人行道

6.4.1 人行道处缘石坡道设计应符合下列规定：

①人行道在各种路口、各种出入口位置必须设置缘石坡道；

②人行横道两端必须设置缘石坡道。

《无障碍设计规范》（GB 50763—2012）4.2.1

6.4.2 人行道处盲道设置应符合下列规定：

①城市主要商业街、步行街的人行道应设置盲道；

②视觉障碍者集中区域周边道路应设置盲道；

③坡道的上下坡边缘处应设置提示盲道；

④道路周边场所、建筑等出入口设置的盲道应与道路盲道相衔接。

《无障碍设计规范》（GB 50763—2012）4.2.2

6.4.3 人行道的轮椅坡道设置应符合下列规定：

①人行道设置台阶处，应同时设置轮椅坡道；

②轮椅坡道的设置应避免干扰行人通行及其他设施的使用。

《无障碍设计规范》（GB 50763—2012）4.2.3

6.4.4 人行道处服务设施设置应符合下列规定：

①服务设施的设置应为残障人士提供方便；

②宜为视觉障碍者提供触摸及音响一体化信息服务设施；

③设置屏幕信息服务设施，宜为听觉障碍者提供屏幕手语及字幕信息服务；

④低位服务设施的设置，应方便乘轮椅者使用；

⑤设置休息座椅时，应设置轮椅停留空间。

《无障碍设计规范》（GB 50763—2012）4.2.4

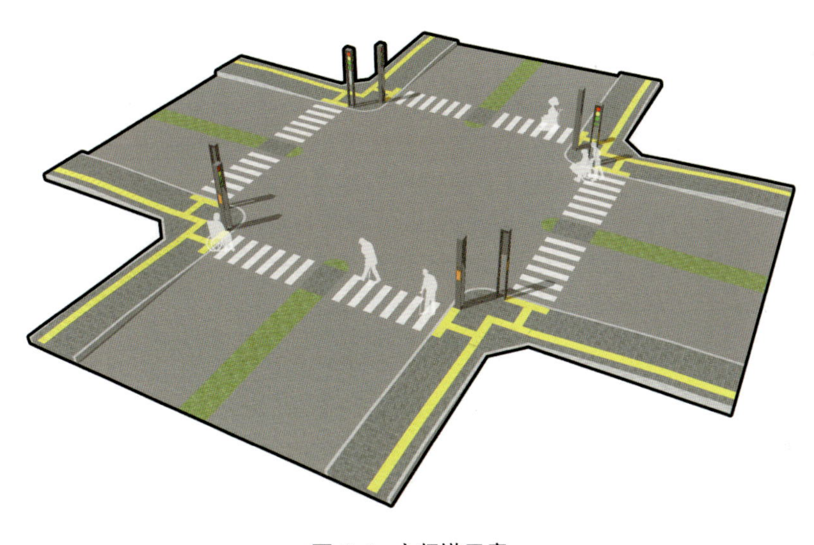

图 6-1 人行道示意

6.5 人行横道

6.5.1 人行横道范围内的无障碍设计应符合下列规定：

①人行横道宽度应满足轮椅通行需求；

②人行横道安全岛的形式应方便乘轮椅者使用；

③城市中心区及视觉障碍者集中区域的人行横道，应配置过街音响提示装置。

《无障碍设计规范》
（GB 50763—2012）4.3.1

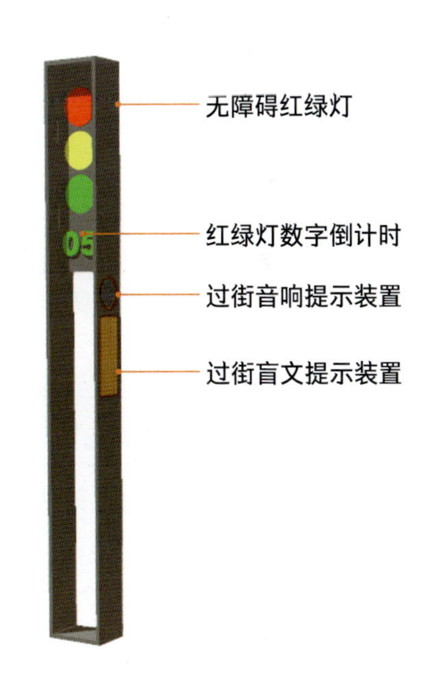

图 6-2 无障碍红绿灯示意

6.6 人行天桥及地道

6.6.1 盲道的设置应符合下列规定：

①设置于人行道中的行进盲道应与人行天桥及地道出入口处的提示盲道相连接；

②人行天桥及地道出入口处应设置提示盲道；

③距每段台阶与坡道的起点与终点 250mm~500mm 处应设提示盲道，其长度应与坡道、梯道相对应。

《无障碍设计规范》（GB 50763—2012）4.4.1

6.6.2 人行天桥及地道处坡道与无障碍电梯的选择应符合下列规定：

①要求满足轮椅通行需求的人行天桥及地道处宜设置坡道，当设置坡道有困难时，应设置无障碍电梯；

②坡道的净宽度不应小于 2.00m；

③坡道的坡度不应大于 1 ： 12；

④弧线形坡道的坡度，应以弧线内缘的坡度进行计算；

⑤坡道的高度每升高 1.50m 时，应设深度不小于 2.00m 的中间平台；

⑥坡道的坡面应平整、防滑。

《无障碍设计规范》（GB 50763—2012）4.4.2

6.6.3 扶手设置应符合下列规定：

①人行天桥及地道在坡道的两侧应设扶手，扶手宜设上、下两层；

②在栏杆下方宜设置安全阻挡措施；

③扶手起点水平段宜安装盲文铭牌。

《无障碍设计规范》（GB 50763—2012）4.4.3

6.6.4 当人行天桥及地道无法满足轮椅通行需求时，宜考虑地面安全通行。

《无障碍设计规范》（GB 50763—2012）4.4.4

6.6.5 自动扶梯、楼梯的下部和其他室内外低矮空间可以进入时，应在净高不大于 2.00m 处采取安全阻挡措施。

《建筑与市政工程无障碍通用规范》（GB 55019—2021）2.2.5

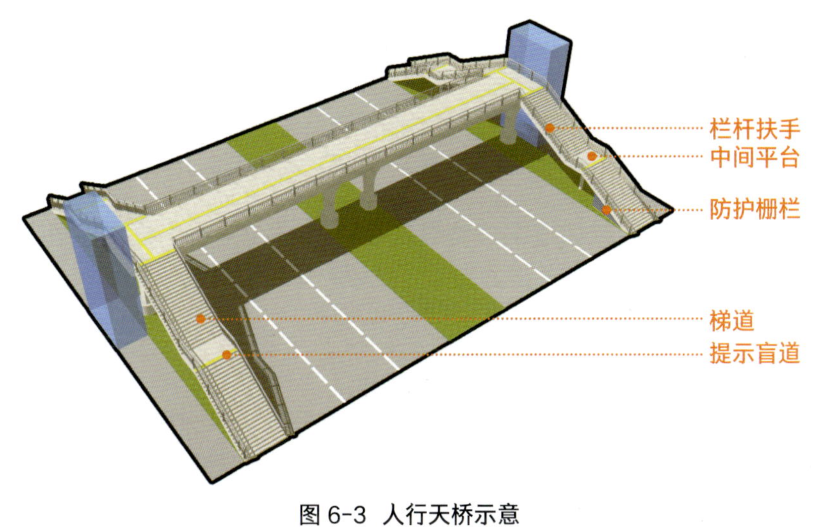

图 6-3 人行天桥示意

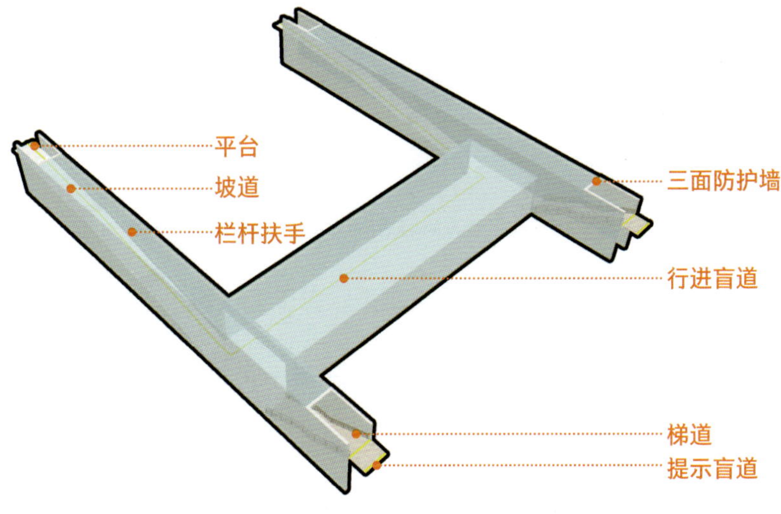

图 6-4 人行地道示意

6.7 缘石坡道

6.7.1 各种路口、出入口和人行横道处，有高差时应设置缘石坡道。

《建筑与市政工程无障碍通用规范》（GB 55019—2021）2.10.1

6.7.2 缘石坡道的坡口与车行道之间应无高差。

《建筑与市政工程无障碍通用规范》（GB 55019—2021）2.10.2

6.7.3 缘石坡道距坡道下口路缘石 250mm~300mm 处应设置提示盲道，提示盲道的长度应与缘石坡道的宽度相对应。

《建筑与市政工程无障碍通用规范》（GB 55019—2021）2.10.3

6.7.4 缘石坡道的坡度应符合下列规定：

①全宽式单面坡缘石坡道的坡度不应大于 1 ：20；

②其他形式缘石坡道的正面和侧面的坡度不应大于 1 ：12。

《建筑与市政工程无障碍通用规范》（GB 55019—2021）2.10.4

6.7.5 缘石坡道的宽度应符合下列规定：

①全宽式单面坡缘石坡道的坡道宽度应与人行道宽度相同；

②三面坡缘石坡道的正面坡道宽度不应小于 1.20m；

③其他形式的缘石坡道的坡口宽度均不应小于 1.50m。

《建筑与市政工程无障碍通用规范》（GB 55019—2021）2.10.5

6.7.6 缘石坡道顶端处应留有过渡空间，过渡空间的宽度不应小于 900mm。

《建筑与市政工程无障碍通用规范》（GB 55019—2021）2.10.6

6.7.7 缘石坡道上下坡处不应设置雨水箅子。设置阻车桩时，阻车桩的净间距不应小于 900mm。

《建筑与市政工程无障碍通用规范》（GB 55019—2021）2.10.7

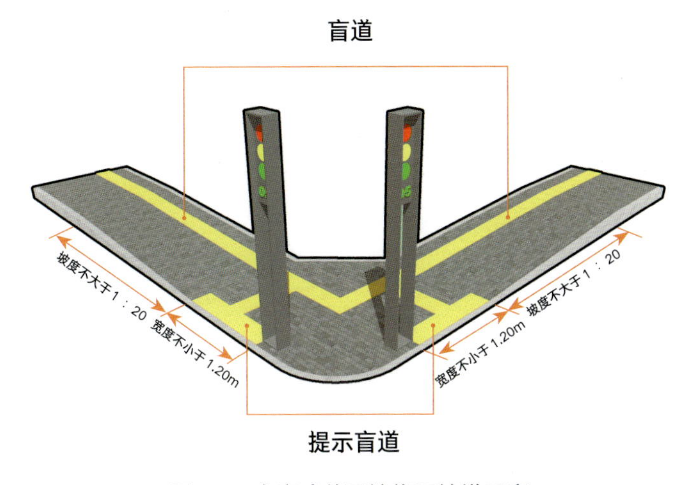

图 6-5 全宽式单面坡缘石坡道示意

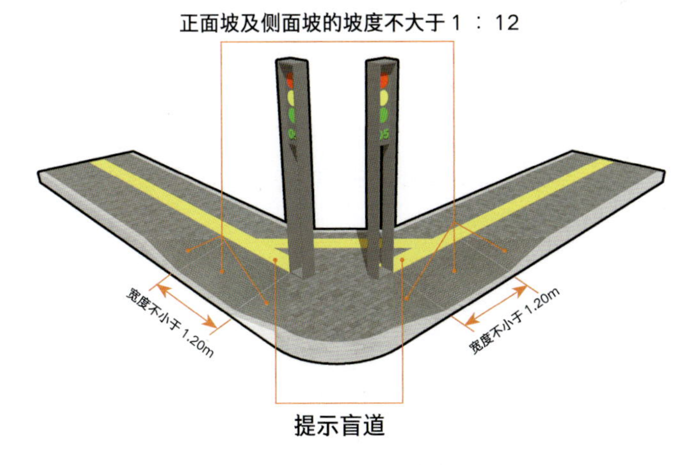

图 6-6 三面坡缘石坡道示意

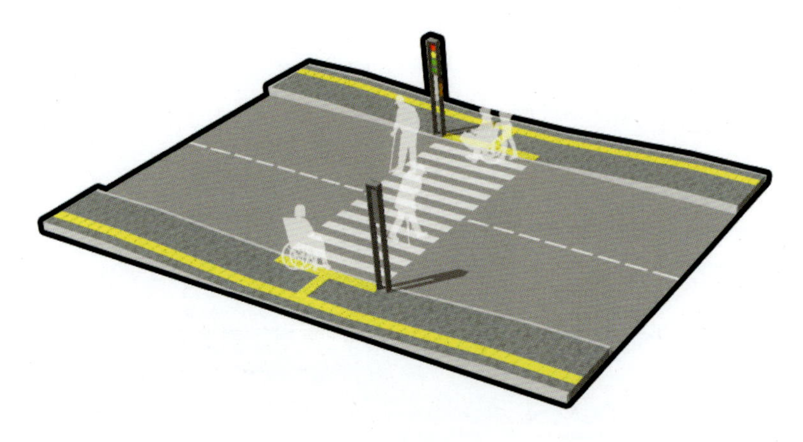

图 6-7 车行道中间部位人行横道全宽式单面坡缘石坡道示意

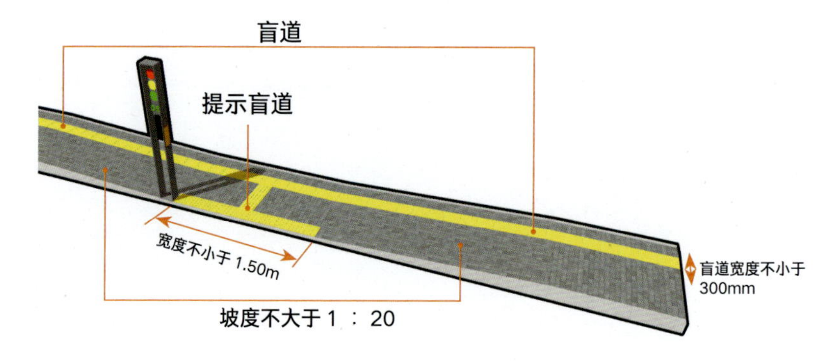

图 6-8 车行道中间部位人行横道全宽式单面坡缘石坡道示意

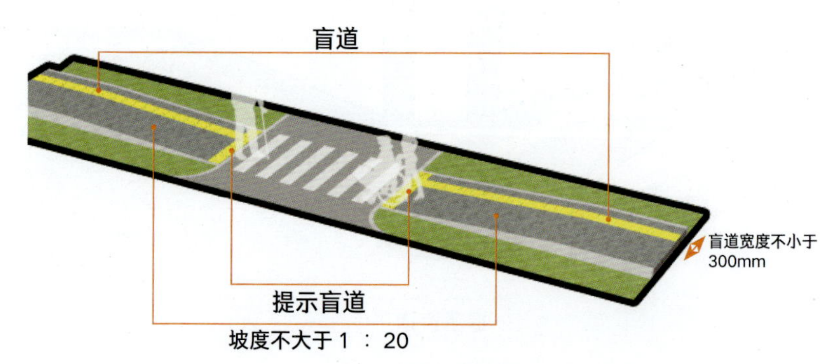

图 6-9 人行道口全宽式单面坡缘石坡道示意

6.8 盲道

6.8.1 盲道的铺设应保证视觉障碍者安全行走和辨别方向。

《建筑与市政工程无障碍通用规范》（GB 55019—2021）2.11.1

6.8.2 盲道铺设应避开障碍物，任何设施不得占用盲道。

《建筑与市政工程无障碍通用规范》（GB 55019—2021）2.11.2

6.8.3 需要安全警示和提示处应设置提示盲道，其长度应与需安全警示和提示的范围相对应。行进盲道的起点、终点、转弯处应设置提示盲道，其宽度不应小于 300mm，且不应小于行进盲道的宽度。

《建筑与市政工程无障碍通用规范》（GB 55019—2021）2.11.3

6.8.4 盲道应与相邻人行道铺面的颜色或材质形成差异。

《建筑与市政工程无障碍通用规范》（GB 55019—2021）2.11.4

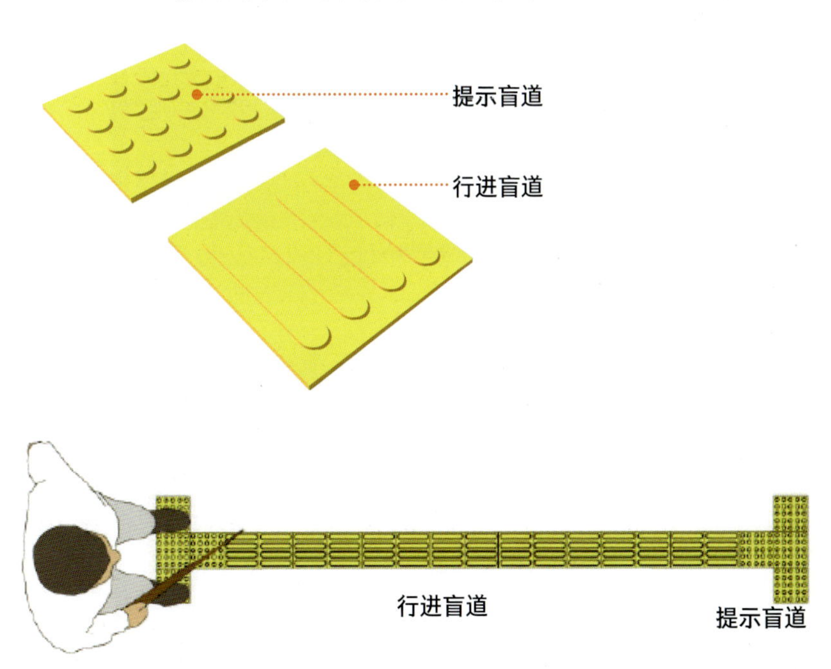

图 6-10 盲道铺装示意

7 导视标志

GUIDE SIGN

1. 无障碍标志应符合下列规定：

①无障碍标志包括下列几种：

a. 通用的无障碍标志应符合本规范附录 A 的规定；

b. 无障碍设施标志牌符合本规范附录 B 的规定；

c. 带指示方向的无障碍设施标志牌符合本规范附录 C 的规定。

②无障碍标志应醒目，避免遮挡。

③无障碍标志应纳入城市环境或建筑内部的引导标志系统，形成完整的系统，清楚地指明无障碍设施的走向及位置。

《无障碍设计规范》（GB 50763—2012）3.16.1

2. 盲文标志应符合下列规定：

①盲文标志可分成盲文地图、盲文铭牌、盲文站牌；

②盲文标志的盲文必须采用国际通用的盲文表示方法。

《无障碍设计规范》（GB 50763—2012）3.16.2

3. 信息无障碍应符合下列规定：

①根据需求，因地制宜设置信息无障碍的设备和设施，使人们便捷地获取各类信息；

②信息无障碍设备和设施的位置和布局应合理。

《无障碍设计规范》（GB 50763—2012）3.16.3

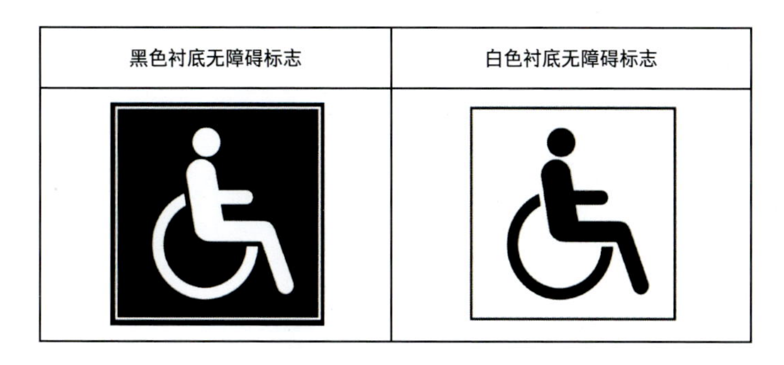

图 7-1 《无障碍设计规范》附录 A 无障碍标志

用于指示的无障碍设施名称	标志牌的具体形式	用于指示的无障碍设施名称	标志牌的具体形式
听觉障碍者使用的设施		肢体障碍者使用的设施	
供导盲犬使用的设施		无障碍厕所	
视觉障碍者使用的设施		—	—

图 7-2 《无障碍设计规范》附录 B 无障碍设施标志牌

用于指示方向的无障碍设施标志牌的名称	用于指示方向的无障碍设施标志牌的具体形式
无障碍坡道指示标志	
人行横道指示标志	
人行地道指示标志	
人行天桥指示标志	

图 7-3 《无障碍设计规范》附录 C 用于指示方向的无障碍设施标志牌

地牌式

悬挑式

贴壁式

悬挂式

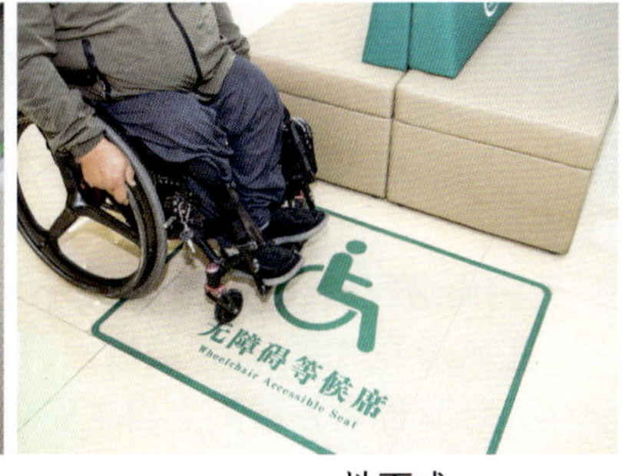

地面式

图 7-4 无障碍设施标志牌展示方式示意

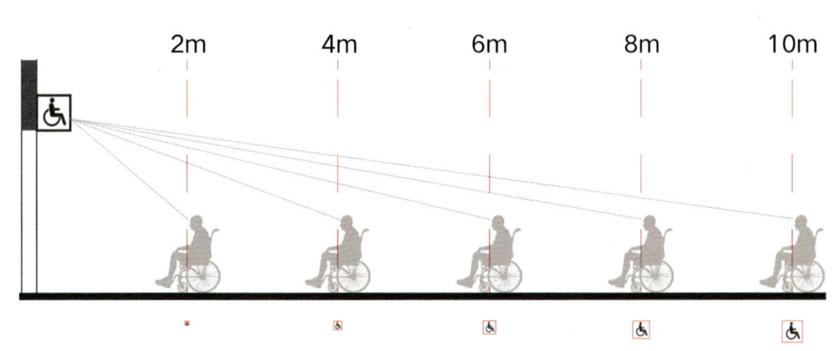

图 7-5 无障碍设施标志牌边长尺寸与视点距离示意

附录 A　名词解释

1. 无障碍设施

保障残疾人、老年人和其他有需求的人自主安全地通行道路、出入和使用建筑物、搭乘公共交通工具、交流信息、获得社区服务的设施。

2. 无障碍通行设施

保障残疾人、老年人和其他有需求的人自主安全地通行道路、出入建筑物、搭乘公共交通工具的设施。

3. 无障碍服务设施

保障残疾人、老年人和其他有需求的人自主安全使用的卫生设施、住宿设施、席位和低位服务设施。

4. 无障碍信息交流设施

保障残疾人、老年人和其他有需求的人自主安全地交流信息的设施。

5. 无障碍通行流线

在城市开敞空间、建筑场地、建筑内部的不同区域，保障残疾人、老年人和其他有需求的人自主安全地通行的交通流线。

6. 无障碍通道

方便残疾人、老年人和其他有需求的人自主安全地通行的通道。

7. 轮椅通道

在检票口或结算口等处为方便乘轮椅者设置的通道。

8. 通行净宽

无障碍通行设施在高度不大于2.00m范围内可通行的净宽度。

9. 轮椅坡道

在坡度、宽度、高度、地面材质、扶手形式等方面方便行动障碍者通行的坡道。

10. 安全阻挡措施

自动扶梯、楼梯的下部以及各种室内外低矮空间能够进入时，为避免造成磕碰、进行提示的措施，以及控制轮椅小轮和拐杖不会侧向滑出坡道、踏步和平台边界的措施。

11. 安全警示线

用于界定和划分危险区域，向人们传递某种注意或警告的信息，以避免人身伤害的提示线。

12. 无障碍出入口

在坡度、宽度、高度、地面材质、扶手形式等方面方便行动障碍者通行的出入口。

13. 平坡出入口

地面坡度不大于 1 ： 20 的出入口。

14. 升降平台

方便乘轮椅者进行垂直或斜向通行的平台式设施。

15. 无障碍电梯

适合行动障碍者、视觉障碍者、听觉障碍者进出和使用的电梯。

16. 无障碍楼梯

在楼梯形式、宽度、踏步、地面材质、扶手形式等方面方便行动及视觉障碍者使用的楼梯。

17. 无障碍机动车停车位

方便行动障碍者使用的机动车停车位。

18. 缘石坡道

位于人行道口或人行横道两端，为了避免人行道路缘石带来的通行障碍，方便行人进入人行道的一种坡道。

19. 盲道

在人行道上或其他场所铺设一种固定形态的地面砖，使视觉障碍者产生盲杖触觉和脚感，引导视觉障碍者向前行走和辨别方向以到达目的地的通道。

20. 行进盲道

表面呈条状形，使视觉障碍者产生盲杖触觉和脚感，指引视觉障碍者可直接向正前方行走的盲道。

21. 提示盲道

表面呈圆点形，设置在盲道的起点处、拐弯处、终点处，设置在提示服务和设施、警示危险的位置，具有提醒注意作用的盲道。

22. 轮椅回转空间

为方便乘轮椅者旋转以改变方向而设置的空间。

23. 无障碍厕所

方便残疾人、老年人和其他有需求的人使用的小型无性别厕所。

24. 无障碍厕位

公共卫生间（厕所）内设置的方便行动障碍者进出和使用的带隔间的厕位。

25. 无障碍卫生间

设置在无障碍客房和无障碍住房、居室内，方便残疾人、老年人和其他有需求的人使用的卫生间。

26. 无障碍坐便器

方便行动障碍者使用的坐便器。

27. 无障碍小便器

方便行动障碍者使用的小便器。

28. 无障碍洗手盆

方便行动障碍者使用的洗手盆。

29. 安全抓杆

在卫生间、浴间等卫生设施内，方便行动障碍者安全移动和支撑的设施。

30. 无障碍盆浴间

方便行动障碍者使用的盆浴间。

31. 无障碍淋浴间

方便行动障碍者使用的淋浴间。

32. 浴间坐台

洗浴时使用的固定坐台或活动座凳、椅子。

33. 无障碍厨房

方便行动障碍者使用的厨房。

34. 无障碍客房

方便残疾人、老年人和其他有需求的人使用的客房。

35. 无障碍住房

方便残疾人、老年人和其他有需求的人使用的住房。

36. 轮椅席位

在设有固定席位的场所内，供乘轮椅者使用的位置。

37. 陪护席位

设置于轮椅席位附近，方便陪伴者照顾乘轮椅者而使用的席位。

38. 低位服务设施

方便行动障碍者使用的高度适当的服务设施。

39. 容膝容脚空间

容纳乘轮椅者腿部和足部并满足其移动需求的空间。

40. 过街音响提示装置

通过语音提示系统引导视觉障碍者安全通行的音响装置。

41. 盲文地图

供视觉障碍者用于触摸的有立体感的位置图或平面图及盲文说明。

42. 盲文站牌

采用盲文标志，告知视觉障碍者公交候车站的站名、公交车线路和终点站名等的车站站牌。

43. 盲文铭牌

安装在无障碍设施上或设施附近固定部位上，采用盲文标志以告知信息的铭牌。

44. 语音提示站台

设有为视觉障碍者提供乘坐或换乘公共交通相关信息的语音提示系统的站台。

附录 B　中华人民共和国无障碍环境建设法

（2023 年 6 月 28 日第十四届全国人民代表大会常务委员会第三次会议通过）

目录

第一章　总则

第一条　为了加强无障碍环境建设，保障残疾人、老年人平等、充分、便捷地参与和融入社会生活，促进社会全体人员共享经济社会发展成果，弘扬社会主义核心价值观，根据宪法和有关法律，制定本法。

第二条　国家采取措施推进无障碍环境建设，为残疾人、老年人自主安全地通行道路、出入建筑物以及使用其附属设施、搭乘公共交通运输工具，获取、使用和交流信息，获得社会服务等提供便利。

残疾人、老年人之外的其他人有无障碍需求的，可以享受无障碍环境便利。

第三条　无障碍环境建设应当坚持中国共产党的领导，发挥政府主导作用，调动市场主体积极性，引导社会组织和公众广泛参与，推动全社会共建共治共享。

第四条　无障碍环境建设应当与适老化改造相结合，遵循安全便利、实用易行、广泛受益的原则。

第五条　无障碍环境建设应当与经济社会发展水平相适应，统筹城镇和农村发展，逐步缩小城乡无障碍环境建设的差距。

第六条　县级以上人民政府应当将无障碍环境建设纳入国民经济和社会发展规划，将所需经费纳入本级预算，建立稳定的经费保障机制。

第七条　县级以上人民政府应当统筹协调和督促指导有关部门在各自职责范围内做好无障碍环境建设工作。

县级以上人民政府住房和城乡建设、民政、工业和信息化、交通运输、自然资源、文化和旅游、教育、卫生健康等部门应当在各自职责范围内，开展无障碍环境建设工作。

乡镇人民政府、街道办事处应当协助有关部门做好无障碍环境建设工作。

第八条　残疾人联合会、老龄协会等组织依照法律、法规以及各自章程，协助各级人民政府及其有关部门做好无障碍环境建设工作。

第九条　制定或者修改涉及无障碍环境建设的法律、法规、规章、规划和其他规范性文件，应当征求残疾人、老年人代表以及残疾人联合会、老龄协会等组织的意见。

第十条　国家鼓励和支持企业事业单位、社会组织、个人等社会力量，通过捐赠、志愿服务等方式参与无障碍环境建设。

国家支持开展无障碍环境建设工作的国际交流与合作。

第十一条　对在无障碍环境建设工作中做出显著成绩的单位和个人，按照国家有关规定给予表彰和奖励。

第二章　无障碍设施建设

第十二条　新建、改建、扩建的居住建筑、居住区、公共建筑、公共场所、交通运输设施、城乡道路等，应当符合无障碍设施工程建设标准。

无障碍设施应当与主体工程同步规划、同步设计、同步施工、同步验收、同步交付使用，并与周边的无障碍设施有效衔接、实现贯通。

无障碍设施应当设置符合标准的无障碍标识，并纳入周边环境或者建筑物内部的引导标识系统。

第十三条　国家鼓励工程建设、设计、施工等单位采用先进的理念和技术，建设人性化、系统化、智能化并与周边环境相协调的无障碍设施。

第十四条　工程建设单位应当将无障碍设施建设经费纳入工程建设项目概预算。

工程建设单位不得明示或者暗示设计、施工单位违反无障碍设施工程建设标准；不得擅自将未经验收或者验收不合格的无障碍设施交付使用。

第十五条　工程设计单位应当按照无障碍设施工程建设标准进行设计。

依法需要进行施工图设计文件审查的，施工图审查机构应当按照法律、法规和无障碍设施工程建设标准，对无障碍设施设计内容进行审查；不符合有关规定的，不予审查通过。

第十六条　工程施工、监理单位应当按照施工图设计文件以及相关标准进行无障碍设施施工和监理。

住房和城乡建设等主管部门对未按照法律、法规和无障碍设施工程建设标准开展无障碍设施验收或者验收不合格的，不予办理竣工验收备案手续。

第十七条　国家鼓励工程建设单位在新建、改建、扩建建设项目的规划、设计和竣工验收等环节，邀请残疾人、老年人代表以及残疾人联合会、老龄协会等组织，参加意见征询和体验试用等活动。

第十八条　对既有的不符合无障碍设施工程建设标准的居住建筑、居住区、公共建筑、公共场所、交通运输设施、城乡道路等，县级以上人民政府应当根据实际情况，制定有针对性的无障碍设施改造计划并组织实施。

无障碍设施改造由所有权人或者管理人负责。所有权人、管理人和使用人之间约定改造责任的，由约定的责任人负责。

不具备无障碍设施改造条件的，责任人应当采取必要的替代性措施。

第十九条　县级以上人民政府应当支持、指导家庭无障碍设施改造。对符合条件的残疾人、老年人家庭应当给予适当补贴。

居民委员会、村民委员会、居住区管理服务单位以及业主委员会应当支持并配合家庭无障碍设施改造。

第二十条　残疾人集中就业单位应当按照有关标准和要求，建设和改造无障碍设施。

国家鼓励和支持用人单位开展就业场所无障碍设施建设和改造，为残疾人职工提供必要的劳动条件和便利。

第二十一条　新建、改建、扩建公共建筑、公共场所、交通运输设施以及居住区的公共服务设施，应当按照无障碍设施工程建设标准，配套建设无障碍设施；既有的上述建筑、场所和设施不符合无障碍设施工程建设标准的，应当进行必要的改造。

第二十二条　国家支持城镇老旧小区既有多层住宅加装电梯或者其他无障碍设施，为残疾人、老年人提供便利。

县级以上人民政府及其有关部门应当采取措施、创造条件，并发挥社区基层组织作用，推动既有多层住宅加装电梯或者其他无障碍设施。

房屋所有权人应当弘扬中华民族与邻为善、守望相助等传统美德，加强沟通协商，依法配合既有多层住宅加装电梯或者其他无障碍设施。

第二十三条　新建、改建、扩建和具备改造条件的城市主干路、主要商业区和大型居住区的人行天桥和人行地下通道，应当按照无障碍设施工程建设标准，建设或者改造无障碍设施。

城市主干路、主要商业区等无障碍需求比较集中的区域的人行道，应当按照标准设置盲道；城市中心区、残疾人集中就业单位和集中就读学校周边的人行横道的交通信号设施，应当按照标准安装过街音响提示装置。

第二十四条　停车场应当按照无障碍设施工程建设标准，设置无障碍停车位，并设置显著标志标识。

无障碍停车位优先供肢体残疾人驾驶或者乘坐的机动车使用。优先使用无障碍停车位的，应当在显著位置放置残疾人车辆专用标志或者提供残疾人证。

在无障碍停车位充足的情况下，其他行动不便的残疾人、老年人、孕妇、婴幼儿等驾驶或者乘坐的机动车也可以使用。

第二十五条　新投入运营的民用航空器、客运列车、客运船舶、公共汽电车、城市轨道交通车辆等公共交通运输工具，应当确保一定比例符合无障碍标准。

既有公共交通运输工具具备改造条件的，应当进行无障碍改造，逐步符合无障碍标准的要求；不具备改造条件的，公共交通运输工具的运营单位应当采取必要的替代性措施。

县级以上地方人民政府根据当地情况，逐步建立城市无障碍公交导乘系统，规划配置适量的无障碍出租汽车。

第二十六条　无障碍设施所有权人或者管理人应当对无障碍设施履行以下维护和管理责任，保障无障碍设施功能正常和使用安全：

（一）对损坏的无障碍设施和标识进行维修或者替换；

（二）对需改造的无障碍设施进行改造；

（三）纠正占用无障碍设施的行为；

（四）进行其他必要的维护和保养。

所有权人、管理人和使用人之间有约定的，由约定的责任人负责维护和管理。

第二十七条　因特殊情况设置的临时无障碍设施，应当符合无障碍设施工程建设标准。

第二十八条　任何单位和个人不得擅自改变无障碍设施的用途或者非法占用、损坏无障碍设施。

因特殊情况临时占用无障碍设施的，应当公告并设置护栏、警示标志或者信号设施，同时采取必要的替代性措施。临时占用期满，应当及时恢复原状。

第三章　无障碍信息交流

第二十九条　各级人民政府及其有关部门应当为残疾人、老年人获取公共信息提供便利；发布涉及自然灾害、事故灾难、公共卫生事件、社会安全事件等突发事件信息时，条件具备的同步采取语音、大字、盲文、手语等无障碍信息交流方式。

第三十条　利用财政资金设立的电视台应当在播出电视节目时配备同步字幕，条件具备的每天至少播放一次配播手语的新闻节目，并逐步扩大配播手语的节目范围。

国家鼓励公开出版发行的影视类录像制品、网络视频节目加配字幕、手语或者口述音轨。

第三十一条　国家鼓励公开出版发行的图书、报刊配备有声、大字、盲文、电子等无障碍格式版本，方便残疾人、老年人阅读。

国家鼓励教材编写、出版单位根据不同教育阶段实际，编写、出版盲文版、低视力版教学用书，满足盲人和其他有视力障碍的学生的学习需求。

第三十二条　利用财政资金建立的互联网网站、服务平台、移动互联网应用程序，应当逐步符合无障碍网站设计标准和国家信息无障碍标准。

国家鼓励新闻资讯、社交通讯、生活购物、医疗健康、金融服务、学习教育、交通出行等领域的互联网网站、移动互联网应用程序，逐步符合无障碍网站设计标准和国家信息无障碍标准。

国家鼓励地图导航定位产品逐步完善无障碍设施的标识和无障碍出行路线导航功能。

第三十三条　音视频以及多媒体设备、移动智能终端设备、电信终端设备制造者提供的产品，应当逐步具备语音、大字等无障碍功能。

银行、医院、城市轨道交通车站、民用运输机场航站区、客运站、客运码头、大型景区等的自助公共服务终端设备，应当具备语音、大字、盲文等无障碍功能。

第三十四条　电信业务经营者提供基础电信服务时，应当为残疾人、老年人提供必要的语音、大字信息服务或者人工服务。

第三十五条　政务服务便民热线和报警求助、消防应急、交通事故、医疗急救等紧急呼叫系统，应当逐步具备语音、大字、盲文、一键呼叫等无障碍功能。

第三十六条　提供公共文化服务的图书馆、博物馆、文化馆、科技馆等应当考虑残疾人、老年人的特点，积极创造条件，提供适合其需要的文献信息、无障碍设施设备和服务等。

第三十七条　国务院有关部门应当完善药品标签、说明书的管理规范，要求药品生产经营者提供语音、大字、盲文、电子等无障碍格式版本的标签、说明书。

国家鼓励其他商品的生产经营者提供语音、大字、盲文、电子等无障碍格式版本的标签、说明书，方便残疾人、老年人识别和使用。

第三十八条　国家推广和使用国家通用手语、国家通用盲文。

基本公共服务使用手语、盲文以及各类学校开展手语、盲文教育教学时，应当采用国家通用手语、国家通用盲文。

第四章　无障碍社会服务

第三十九条　公共服务场所应当配备必要的无障碍设备和辅助器具，标注指引无障碍设施，为残疾人、老年人提供无障碍服务。

公共服务场所涉及医疗健康、社会保障、金融业务、生活缴费等服务事项的，应当保留现场指导、人工办理等传统服务方式。

第四十条　行政服务机构、社区服务机构以及供水、供电、供气、供热等公共服务机构，应当设置低位服务台或者无障碍服务窗口，配备电子信息显示屏、手写板、语音提示等设备，为残疾人、老年人提供无障碍服务。

第四十一条　司法机关、仲裁机构、法律援助机构应当依法为残疾人、老年人参加诉讼、仲裁活动和获得法律援助提供无障碍服务。

国家鼓励律师事务所、公证机构、司法鉴定机构、基层法律服务所等法律服务机构，结合所提供的服务内容提供无障碍服务。

第四十二条　交通运输设施和公共交通运输工具的运营单位应当根据各类运输方式的服务特点，结合设施设备条件和所提供的服务内容，为残疾人、老年人设置无障碍服务窗口、专用等候区域、绿色通道和优先坐席，提供辅助器具、咨询引导、字幕报站、语音提示、预约定制等无障碍服务。

第四十三条　教育行政部门和教育机构应当加强教育场所的无障碍环境建设，为有残疾的师生、员工提供无障碍服务。

国家举办的教育考试、职业资格考试、技术技能考试、招录招聘考试以及各类学校组织的统一考试，应当为有残疾的考生提供便利服务。

第四十四条　医疗卫生机构应当结合所提供的服务内容，为残疾人、老年人就医提供便利。

与残疾人、老年人相关的服务机构应当配备无障碍设备，在生活照料、康复护理等方面提供无障碍服务。

第四十五条　国家鼓励文化、旅游、体育、金融、邮政、电信、交通、商业、餐饮、住宿、物业管理等服务场所结合所提供的服务内容，为残疾人、老年人提供辅助器具、咨询引导等无障碍服务。

国家鼓励邮政、快递企业为行动不便的残疾人、老年人提供上门收寄服务。

第四十六条　公共场所经营管理单位、交通运输设施和公共交通运输工具的运营单位应当为残疾人携带导盲犬、导听犬、辅助犬等服务犬提供便利。

残疾人携带服务犬出入公共场所、使用交通运输设施和公共交通运输工具的，应当遵守国家有关规定，为服务犬佩戴明显识别装备，并采取必要的防护措施。

第四十七条　应急避难场所的管理人在制定以及实施工作预案时，应当考虑残疾人、老年人的无障碍需求，视情况设置语音、大字、闪光等提示装置，完善无障碍服务功能。

第四十八条　组织选举的部门和单位应当采取措施,为残疾人、老年人选民参加投票提供便利和必要协助。

第四十九条　国家鼓励和支持无障碍信息服务平台建设，为残疾人、老年人提供远程实时无障碍信息服务。

第五章　保障措施

第五十条　国家开展无障碍环境理念的宣传教育，普及无障碍环境知识，传播无障碍环境文化，提升全社会的无障碍环境意识。

新闻媒体应当积极开展无障碍环境建设方面的公益宣传。

第五十一条　国家推广通用设计理念，建立健全国家标准、行业标准、地方标准，鼓励发展具有引领性的团体标准、企业标准，加强标准之间的衔接配合，构建无障碍环境建设标准体系。

地方结合本地实际制定的地方标准不得低于国家标准的相关技术要求。

第五十二条　制定或者修改涉及无障碍环境建设的标准，应当征求残疾人、老年人代表以及残疾人联合会、老龄协会等组织的意见。残疾人联合会、老龄协会等组织可以依法提出制定或者修改无障碍环境建设标准的建议。

第五十三条　国家建立健全无障碍设计、设施、产品、服务的认证和无障碍信息的评测制度，并推动结果采信应用。

第五十四条　国家通过经费支持、政府采购、税收优惠等方式，促进新科技成果在无障碍环境建设中的运用，鼓励无障碍技术、产品和服务的研发、生产、应用和推广，支持无障碍设施、信息和服务的融合发展。

第五十五条　国家建立无障碍环境建设相关领域人才培养机制。

国家鼓励高等学校、中等职业学校等开设无障碍环境建设相关专业和课程，开展无障碍环境建设理论研究、国际交流和实践活动。

建筑、交通运输、计算机科学与技术等相关学科专业应当增加无障碍环境建设的教学和实践内容，相关领域职业资格、继续教育以及其他培训的考试内容应当包括无障碍环境建设知识。

第五十六条　国家鼓励机关、企业事业单位、社会团体以及其他社会组织，对工作人员进行无障碍服务知识与技能培训。

第五十七条　文明城市、文明村镇、文明单位、文明社区、文明校园等创建活动，应当将无障碍环境建设情况作为重要内容。

第六章　监督管理

第五十八条　县级以上人民政府及其有关主管部门依法对无障碍环境建设进行监督检查，根据工作需要开展联合监督检查。

第五十九条　国家实施无障碍环境建设目标责任制和考核评价制度。县级以上地方人民政府根据本地区实际，制定具体考核办法。

第六十条　县级以上地方人民政府有关主管部门定期委托第三方机构开展无障碍环境建设评估，并将评估结果向社会公布，接受社会监督。

第六十一条　县级以上人民政府建立无障碍环境建设信息公示制度，定期发布无障碍环境建设情况。

第六十二条　任何组织和个人有权向政府有关主管部门提出加强和改进无障碍环境建设的意见和建议，对违反本法规定的行为进行投诉、举报。县级以上人民政府有关主管部门接到涉及无障碍环境建设的投诉和举报，应当及时处理并予以答复。

残疾人联合会、老龄协会等组织根据需要，可以聘请残疾人、老年人代表以及具有相关专业知识的人员，对无障碍环境建设情况进行监督。

新闻媒体可以对无障碍环境建设情况开展舆论监督。

第六十三条　对违反本法规定损害社会公共利益的行为，人民检察院可以提出检察建议或者提起公益诉讼。

第七章　法律责任

第六十四条　工程建设、设计、施工、监理单位未按照本法规定进行建设、设计、施工、监理的，由住房和城乡建设、民政、交通运输等相关主管部门责令限期改正；逾期未改正的，依照相关法律法规的规定进行处罚。

第六十五条　违反本法规定，有下列情形之一的，由住房和城乡建设、民政、交通运输等相关主管部门责令限期改正；逾期未改正的，对单位处一万元以上三万元以下罚款，对个人处一百元以上五百元以下罚款：

（一）无障碍设施责任人不履行维护和管理职责，无法保障无障碍设施功能正常和使用安全；

（二）设置临时无障碍设施不符合相关规定；

（三）擅自改变无障碍设施的用途或者非法占用、损坏无障碍设施。

第六十六条　违反本法规定，不依法履行无障碍信息交流义务的，由网信、工业和信息化、电信、广播电视、新闻出版等相关主管部门责令限期改正；逾期未改正的，予以通报批评。

第六十七条　电信业务经营者不依法提供无障碍信息服务的，由电信主管部门责令限期改正；逾期未改正的，处一万元以上十万元以下罚款。

第六十八条　负有公共服务职责的部门和单位未依法提供无障碍社会服务的，由本级人民政府或者上级主管部门责令限期改正；逾期未改正的，对直接负责的主管人员和其他直接责任人员依法给予处分。

第六十九条　考试举办者、组织者未依法向有残疾的考生提供便利服务的，由本级人民政府或者上级主管部门予以批评并责令改正；拒不改正的，对直接负责的主管人员和其他直接责任人员依法给予处分。

第七十条　无障碍环境建设相关主管部门、有关组织的工作人员滥用职权、玩忽职守、徇私舞弊的，依法给予处分。

第七十一条　违反本法规定，造成人身损害、财产损失的，依法承担民事责任；构成犯罪的，依法追究刑事责任。

第八章　附则

第七十二条　本法自 2023 年 9 月 1 日起施行。

参考文献

[1] 新华社 . 中华人民共和国无障碍环境建设法 [EB/OL].（2023-06-29）[2024-08-20].https://www.gov.cn/yaowen/liebiao/202306/content_6888910.htm.

[2] 张勇 , 程凯 . 中华人民共和国无障碍环境建设法释义 [M]. 北京：中国法制出版社，2023.

[3] 中华人民共和国住房和城乡建设部 . 建筑与市政工程无障碍通用规范：GB 55019-2021[S]. 北京 : 中国建筑工业出版社，2022.

[4] 中华人民共和国住房和城乡建设部，中华人民共和国国家质量监督检验检疫总局 . 无障碍设计规范：GB 50763—2012[S]. 北京：中国建筑工业出版社，2012.

[5] 吕世明 . 以检察公益诉讼推进无障碍环境建设 [J]. 人民论坛 ,2021(13):6-9.

[6] 程凯 . 建立巩固拓展残疾人脱贫攻坚成果长效机制 [J]. 红旗文稿 ,2021(18):29-32.

[7] 李东梅 . 突出重点 加强保障，依法推动特殊教育事业发展 [J]. 中国特殊教育 ,2017(8):6-7.

[8] 邵磊 . 无障碍与校园环境 [M]. 沈阳：辽宁人民出版社，2019.

[9] 住房和城乡建设部标准定额研究所 , 中国建筑设计研究院有限公司 . 无障碍设施建设技术手册 [M]. 北京 : 中国计划出版社 ,2022.

[10] 贾巍杨 , 曲翠萃 , 张小弸 . 无障碍环境和服务体系科技创新研究 [M]. 北京 : 中国建筑工业出版社 ,2023.

[11] 孙计领，索浩宇，陈功．中国式现代化进程中的无障碍环境建设：意义、发展与路径 [J]. 残疾人研究，2023(3): 38-46.

[12] 邓支青，周林刚．城市无障碍环境建设的困境与支持体系 [J]. 城市问题 ,2022(03):24-32.

后 记

无障碍环境建设是保障残疾人、老年人等群体平等、充分、便捷地参与和融入社会生活，促进社会人员共享经济社会发展成果的一项重要工作，对于促进社会融合和人的全面发展具有重要意义。2023年9月1日，《中华人民共和国无障碍环境建设法》正式施行。这是我国首次就无障碍环境建设制定专门性法律，为保障残疾人、老年人等群体平等、充分、便捷地参与和融入社会生活，促进社会全体人员共享经济社会发展成果，提供了坚实法治保障。

为便于广大残疾人工作者、场地管理者，特别是社会公众更好地理解与贯彻《中华人民共和国无障碍环境建设法》，服务于全国无障碍建设示范城市（县）创建活动，在湖北省残疾人联合会的指导下，笔者编写了这本《有爱无碍：无障碍环境建设实用手册》。本书旨在传播无障碍理念，普及无障碍知识，提升人们的无障碍意识，推动全社会共建、共治、共享无障碍环境。

本书的编写历时近一年，在编写过程中，先后得到湖北省残疾人联合会党组书记、理事长程武，党组成员、副理事长许立桥，维权处陈晓华、黄杰、李剑锋等领导的悉心指导。中国肢残人协会无障碍服务与推广委员会主任、湖北省肢残人协会主席胡文兵，湖北省住房和城乡建设厅工程质量安全监管处三级调研员张雨梅，中南建筑设计院股份有限公司副总建筑师刘波，中信建筑设计研究总院有限公司高级建筑师董争俊提出了很多有价值的意见。武汉科技大学始终是笔者最坚强的后盾。本书的最终完成还得益于很多良师益友给予的帮助和指导，不能一一尽数，在此一并感谢。

本书的服务对象除了残疾人、老年人及其他有无障碍需求的人士，还包括残疾人事业工作者，以及其他关心无障碍环境建设的人士。作为《中华人民共和国无障碍环境建设法》在城乡建设领域的普法宣贯手册，本书涉及内容较多，虽经编写组全体成员反复讨论修改，但囿于编写组成员的能力和水平，难免存在不足。书中欠妥之处，敬请广大读者不吝赐教。

刘伟毅
2024 年 8 月于武汉黄家湖畔